理论清醒方能

政治坚定

意识形态问题十二讲

黄相怀 等 / 著

天津出版传媒集团

天津人民出版社

图书在版编目(CIP)数据

理论清醒方能政治坚定:意识形态问题十二讲／黄相怀
等著.-天津:天津人民出版社,2018.10(2023.5重印)
ISBN 978-7-201-14201-2

Ⅰ.①理… Ⅱ.①黄… Ⅲ.①中国特色社会主义-社会意
识形态-工作-干部教育-学习参考资料 Ⅳ.①D616

中国版本图书馆 CIP 数据核字(2018)第 238682 号

理论清醒方能政治坚定:意识形态问题十二讲
LILUN QINGXING FANGNENG ZHENGZHI JIANDING

出　　版	天津人民出版社	
出 版 人	刘　庆	
地　　址	天津市和平区西康路 35 号康岳大厦	
邮政编码	300051	
邮购电话	(022)23332469	
电子信箱	reader@ tjrmcbs.com	

策划编辑	王　康	
责任编辑	王佳欢	
封面设计	春天·书装工作室	

印　　刷	天津新华印务有限公司	
经　　销	新华书店	
开　　本	710 毫米×1000 毫米 1/16	
印　　张	17.75	
插　　页	2	
字　　数	200 千字	
版次印次	2018 年 10 月第 1 版　2023 年 5 月第 5 次印刷	
定　　价	79.00 元	

序言：理论观察的马克思主义慧眼

观察世界需要理论之眼，马克思主义提供了最好的武器。

——没有理论，《湄公河行动》仅仅是一部优秀的片子；有了理论之眼，你会从中看出，一些国家没有经过社会主义的血与火的洗礼与改造，到现在会是什么样子。

——没有理论，《血战钢锯岭》就是一部美国大片，或许还是一部不错的大片；但有了理论，你会发现，该片所宣扬的个人主义及其背后的信仰支撑，其实很宗教、很西方。

——没有理论，知乎就是一个知识分享网站；有了理论，你会发现知乎是个很好的理论素材来源地，比如关于朝鲜战争的必要性和重要性，网友的见识直接甩了许多"公知"几条街。

——没有理论，你会觉得爱国主义是调动大家情感情绪的最好方式；但有了理论，你会觉得在激发大家爱国主义情愫的同时，还要避免陷入狭隘民族主义的泥淖。

——没有理论，别国有动乱，我们有和平，这很令人欣慰；有了理论，就可以知道人家的动乱和我们的和平都是怎么来的，我们怎样才能避免像人家那样的动乱。

……

时代是思想之母，实践是理论之源。当代中国正在经历着历史上最宏大的变革，比历史上任何时候都需要共同参与思想理论的创造和供给。

"这是一个需要理论而且一定能够产生理论的时代，这是一个需要思想而且一定能够产生思想的时代。我们不能辜负了这个时代。"习近平总书记在哲学社会科学工作座谈会上的讲话中，这句话振聋发聩。

"最不应该辜负这个时代的，是这个时代的年轻人。"中央党校常务副校长何毅亭同志在为《不忘初心：中国共产党为什么能永葆朝气》这本书所作的序言"愿我们的党永远年轻"中，表达了对年轻学者的殷切期待。

当代中国需要的马克思主义理论家，指的是那些能够熟练运用马克思主义的立场、观点和方法，观察、分析事物的规律和特点，并能够进行理论化的、符合时代特点的表达和分析的理论工作者。

针对那种认为马克思主义已经过时，中国现在搞的不是马克思主义；那种认为马克思主义只是一种意识形态说教，没有学术上的学理性和系统性等说法，马克思主义理论家非但不认同，并且会用实际工作证明这些看法是错误的。

由于信仰马克思主义且拥有马克思主义理论武器，作为思想理论领域的建设者，马克思主义理论家既有理论家的优势，又有新时代的优点，于是人们对马克思主义理论家就有了如下观察和思考。

一、马克思主义理论家具有坚定的人民立场

2018 年 5 月 4 日，习近平总书记在纪念马克思诞辰 200 周年

大会上的讲话中指出："马克思主义是人民的理论，第一次创立了人民实现自身解放的思想体系。"坚定的人民立场，对于马克思主义理论家来说，就是要站在人民的立场上做学问，做人民需要的学问；就是站在绝大多数人的立场进行分析和思考，得出符合绝大多数人认知和利益的结论；就是要注重学问的大众化表达，做人民群众能够理解的、愿意了解的学问。

这使马克思主义理论家能够摒弃任何自以为是的、孤芳自赏的、曲高和寡的研究习惯，特别是当他们发现自己的某些观点不足以说服大多数人的时候，坚定的人民立场会使他们勇于进行深刻的自我反思。

理论研究也需要坚持群众路线。群众路线主要内容可以概括为"两个一切"和"一来一去"。"两个一切"，即一切为了群众，一切依靠群众，解决的是世界观问题；"一来一去"，即从群众中来，到群众中去，解决的是认识论和方法论问题。从理论研究的角度看，作为世界观的群众路线，解决了"为什么人"的价值观问题；作为认识论的群众路线，解决了一个"人的正确认识从哪里来"的方法论问题。这就决定了马克思主义者的研究，必须处理好"先生与学生"的辩证关系：成为先生，必须不断学习进步，而其中最重要的就是做人民的学生，向人民群众学习，在互联网时代要善于走网上群众路线。

互联网时代众声喧哗。民粹主义一味逢迎顺从"以人民的名义"提出的各种要求，而且这些要求通常是短期的、片面的、部分的要求，且经常以情绪化的方式被表达。马克思主义理论者秉持人民立场，当然要以满足人民的愿望和要求为追求，但是与民粹主义不同的是，他们既反对命令主义又反对尾巴主义，在满足人中提升人，在体察人中引导人。这是马克思主义理论家有别于其他形形色色专门以博眼球、出名头为能事的所谓理论家根本之不同。

二、马克思主义理论家具有坚定的实践取向

马克思说，"全部社会生活在本质上是**实践的**"，"哲学家们只是用不同的方式**解释**世界，问题在于**改变**世界"。① 习近平总书记在纪念马克思诞辰 200 周年大会上的讲话中指出："实践的观点、生活的观点是马克思主义认识论的基本观点，实践性是马克思主义理论区别于其他理论的显著特征。"马克思主义是实践性的理论，只有内在于劳动人民的实践创造，成为现实的思维方式、实践方式、话语方式和生活方式才能发挥作用。

对于马克思主义理论家来说，坚定的实践取向就意味着要注重从实践中获得知识。习近平总书记从七年知青岁月中所获得的知识，不亚于任何一所大学，梁家河有大学问。把书本和实践读懂弄通，才算是真正参透了马克思主义的真学问。

在《实践论》中，毛泽东同志就为中国共产党人提供了一套成熟高效的思维方式。这主要体现在：注重从实践中获得真知，注重从感性认识上升到理性认识，注重用新的认识指导新的实践，注重用实践检验认识正确与否。更重要的是，注重建构认识与实践之间的动态、有机、辩证的关系及其螺旋式上升的向度。这种

---

① 《马克思恩格斯文集》（第一卷），人民出版社，2009 年，第 501、502 页。

思维方式，既能有效克服教条主义，也能有效克服经验主义，既不书生气，也不土气，既接地气，又有灵气。从《实践论》中可以体会到一种思维之美。这种思维方式，也是马克思主义理论家应当娴熟掌握的。

理论和实践的关系在理论上是容易弄清的，但是在实践中坚持下来是很难的。当理论和现实不一致的时候，特别考验马克思主义理论家的理论勇气。比如，当西方的理论与中国的现实之间发生严重张力的时候，就特别需要某种坚持的勇气。苏联解体、东欧剧变的时候，有些西方学者欢呼"历史终结了"。但是中国特色社会主义的蓬勃发展，不但证明这话说早了，归根到底说错了。许多国家被策动颜色革命的时候，人民听到了很多美妙的承诺，现如今黄粱梦碎，去哪里兑现呢？面对西方理论与实践之间如此的不一致，到底是实践没有达到理论的要求呢，还是反思理论根本性地脱离了实践呢？一句话，理论与实践不一致的时候，该站在哪一边呢？在马克思主义那里，答案是早就现成摆在那里的。

三、马克思主义理论家具有知识分子的优秀品格

习近平总书记指出，自古以来我国知识分子就有"为天地立心，为生民立命，为往圣继绝学，为万世开太平"的志向和传统。当代中国一切有理想、有抱负的理论工作者都应该立时代之潮头、通古今之变化、发思想之先声，积极为党和人民述学立论、建言献策，担负起历史赋予的光荣使命。

马克思主义理论家被期待要坚持国家至上、民族至上、人民至上，始终胸怀大局、心有大我；要坚守正道、追求真理，立足国情，放眼世界，不妄自菲薄，不人云亦云；实事求是、客观公允，重实情、看本质、建真言，为推进党和人民事业发展献计出力。

浓厚的家国情怀，强烈的社会责任感，是知识分子之所以成为知识分子的基本修为。"修身、齐家、治国、平天下""先天下之忧而忧，后天下之乐而乐"，是知识分子的显著品格。现在更加需要广大知识分子发扬这样的担当精神，特别是马克思主义理论工作者，更要有这样的抱负和志向。

计利当计天下利，求名应求万世名。马克思主义者并不拒绝名声，正能量、主旋律的名声越大越好，但应当合理管控和用好名声。既然成为知识分子意味着使命与责任，那么某种情怀和担当以及随之而来的声誉和影响，不应被误用和滥用，不应成为追名逐利的"工具"，不应成为操纵舆论的"权力"。如果这样的话，知识分子的品格就降低了，甚至出现有损国家民族尊严、有损知识分子良知的情况。

四、马克思主义理论家对于资本主义有批判意识

马克思主义给了理论工作者一双科学评判资本主义的慧眼。

马克思主义诞生的前提就是对资本主义的科学批判，马克思主义者初心的孕育也恰是来自于对资本主义批判中的超越。马克思主义者是批判者、革命者，对资本主义总体上持批判态度，因

为马克思主义本身就是对资本主义根本弊病深刻反思的产物。

马克思主义理论家会认识到，尽管资本主义在历史中曾起到过一定的进步作用，但它本质上是一种压迫人、剥削人、使人不成为人的一种制度，这是它必然要遭到抛弃的根本所在。在马克思主义看来，资本的本性是通过运动实现价值增殖，而资本的运动是无止境的，哪里能够实现价值增殖，它就会推进到哪里；资本运动的最终目的是要按自己的面目刻制全世界，把自己的基金植入全世界，并占领整个社会的生产生活和思想情感方式。

资本主导的逻辑在一定意义上能解决"物"的问题，却解决不了"人"的问题，并且会给人的自由而全面发展带来灾难性后果。当代西方出现的种种社会乱象和治理困境，说到底是以资本为主导的逻辑所导致。这是一种基因性的缺陷。

资本主义内在的难以克服的矛盾在全球化、信息化时代所表现出的综合病征向外传导，又给人类社会带来了前所未有的失控、混乱与灾难。哪里有战乱、动荡和不安，哪里就有资本主义的黑手和魅影。西方国家将资本主义制度产生的内部矛盾外部化，是当今世界出现严重的"和平赤字""发展赤字""治理赤字"的根本原因。深刻的现实问题进一步证明了马克思主义对资本主义的诊断与批判是不易之论。

马克思主义慧眼最大的价值之一就是，使得中国有了精神独立性。对于资本主义的长处，我们当然要学习。但如果因此放弃基本的理论立场和探求努力，难免会出现媚这个国家、跪那个国家的言行，甚至因此而严重自我贬损国格和人格。跪在别人面前，或许有饭吃，但没出息，没脸活。

五、马克思主义理论家善于从政治的角度看问题

在当代中国，马克思主义理论首先是政治的理论，自然需要理论者们"用学术讲政治"。

什么是政治？怎么理解政治？在马克思主义的话语体系中，政治是政党、政权、政府、政策，是统帅，是灵魂，是大局。凡属根本重大原则方向的问题都是政治，凡是关系这些方面的事物都可以被上升到政治的高度。

政治最基本的一个原则是什么呢？毛泽东同志曾经讲过，谁是我们的敌人，谁是我们的朋友，这个问题是革命的首要问题。他又讲，马克思主义的政治，就是把敌人搞得少少的，把朋友搞得多多的。两句话联系起来，运用到理论研究领域，体现为一条基本的原则就是：要把不利于我们的思想舆论搞得少少的，把有利于我们的思想舆论搞得多多的；把我们自己的负能量、次旋律搞得少少的，把我们自己的这种正能量、主旋律搞得多多的。只有这样才能做好理论宣传工作。

习近平总书记有一个"三个地带"的理论：思想舆论领域大致有红色、黑色、灰色三个地带。红色地带是我们的主阵地，一定要守住；黑色地带主要是负面的东西，要敢于亮剑，大大压缩其地盘；而灰色地带，应该大张旗鼓去争取，尽量使其转化为红色地带。这"三个地带"理论，实际上就讲了一个马克思主义政治的基本原则，也就是马克思主义基本政治原则在意识形态领域的活用和化用。

怎么样才能叫高明的意识形态工作？高明的意识形态工作实际上是在坚持原则和底线的前提下，推动形成思想上、认识上的最大公约数的工作。马克思主义理论家居天下之广居，立天下之正位，行天下之大道，不"左"不右，不偏不倚，中道而行，广纳博取，含德嘉厚，致中和，尚和合，正确处理一和多的关系，多中见一，多中求一，以一驭多，以多润一。

六、马克思主义理论家积极进行思想引领

理论创新是马克思主义之所以成为马克思主义的内在品质。马克思之所以能够创立马克思主义，关键不在于批判，而是在批判的基础上创造性地提出了新的理论。比如，通过提出"剩余价值论"，马克思主义就变成了工人阶级手中强大的思想武器。

党的十八大以来，中国共产党创造性地提出了不少新理论，从而丰富了当代中国马克思主义思想宝库，增强了新时代党的思想理论的引领力。比如，一部中国近代史，就是一部中华民族逶巡于命运低谷的血泪史、苦难史、屈辱史。对于这段历史，习近平总书记并不着意从惨痛和悲伤的角度去评述，而是巧妙地指出：实现中华民族伟大复兴，就是中华民族近代以来最伟大的梦想。从这样的角度切入，一方面为中国近代史这段沉重的历史注入了"追梦"之旅的新内涵和正能量；另一方面，也为当前中国共产党所领导的改革开放和社会主义现代化建设事业的奋斗目标，找寻到更加深沉厚重的历史根基，并巧妙地使二者发生了逻辑的和历史的联系。

看待中国的发展和崛起，现在确实已经到了需要进一步拓宽视野的时候了。应当看到，中国的兴起并不是西方式的民族国家的崛起，而是中国的文明型国家在新的高度与广度上的复兴。只有上升到文明的高度，只有把普世主义理论话语还原为西方有限的理论经验，近代以来中西触碰的历史才会得到重新理解，当代中国文明型国家的理论自觉才能再次回到我们的视野。

中国道路表明，世界人类文明具有多样性，而中国道路所蕴含的文明形态，是不同于西方文明的一种新的文明类型。西方许多学者在极力维护西方霸权及其在世界上唯我独尊的地位，认为西方国家所推行的"普世价值"可以成为普遍性的文明规范，因而极力为西方主导的世界秩序之合理性提供理论基础，蔑视非西方世界的文明。中国道路的成功，确证世界文明具有多样性，确证西方的价值观话语仅仅是一种地方性知识而远非全球性知识。

处在一个谋世界大同的时代，我们的理论家不仅要引领中国，而且还要勇于担负起引领世界的职责。面向未来，青年理论工作者有责任有义务为发展马克思主义做出 21 世纪的贡献、当代中国的贡献，这是因为：

——从时代看，进入 21 世纪的第二个十年且即将迎来第三个十年，中国和世界在总体上从工业社会进入信息社会的基本轮廓已经显现。中国共产党在长期执政上进入了一个"新长征"阶段。在这样的时空背景下，如何使马克思主义从信息社会、互联网、大数据等物质和精神文明中汲取足够丰厚的营养，是当代中国马克思主义者义不容辞的责任。

——从实践看，中国特色社会主义进入新时代，在现实中积累了大量需要认真进行理论分析和思考的问题，对于这些问题的阐释和回答，在相当程度上决定着人们对马克思主义、中国特色社会主义、共产主义等的信心和热情。

——从理论看，社会主义中国的中国道路、中国方案、中国思想，也迫切需要从马克思主义理论自身的立场、观点和方法出发进行思考分析、总结提炼、深化升华。

党的十八大以来，以习近平同志为核心的党中央毫不动摇地坚持和发展中国特色社会主义，坚定不移地进行具有许多新的历史特点的伟大斗争，在新的历史起点上进一步深化对共产党执政规律、社会主义建设规律、人类社会发展规律的认识，由此推进了治国理政新实践，形成了新思想。习近平新时代中国特色社会主义思想科学把握中国特色社会主义的历史方位，把中国特色社会主义放到五千多年中华文明史、五百多年社会主义思想史、一百七十多年中国近代史、九十多年中国共产党成长史、六十多年中华人民共和国发展史、四十年改革开放史这样一种"大坐标"上来加以审视与定位，从对中华优秀传统文化"创造性转化"和"创新性发展"中汲取治国理政的文明滋养。这是实现中华民族伟大复兴的科学指南，也是当代中国马克思主义理论研究者必须详加研究、自觉以其为指导的根本所在。

马克思主义并不神秘，只要认真学习体会，人人皆可成为马克思主义者。

马克思主义给了我们一双评判各种社会思潮的慧眼。

目　录

第一讲

如何认清西方"宪政民主"的内涵、实质与偏颇，走稳走好中国特色社会主义政治发展道路？

"宪政民主"是近年来我国社会科学研究领域，特别是法学、政治学和经济学等领域使用较多的一个外来词汇。作为对西方政治的理论升华和实践总结，"宪政民主"在某些方面并在一定程度上体现着人类政治文明的发展成果。但作为一个特指词语，"宪政民主"是一个带有强烈西方政治法律色彩的词汇，它所蕴含的价值取向和现实倾向，是与我国的民主法治理论和实践不相容、不契合的。习近平总书记指出："我们必须搞清楚，我国人民民主与西方所谓的'宪政'本质上是不同的。中国共产党领导是中国特色社会主义最本质的特征。"① 认清"宪政民主"的这一实质，对于提高广大党员干部和人民群众的政治鉴别能力和理论思考能力，自觉自信地坚持中国特色社会主义政治发展道路，具有十分重要的理论和现实意义。

一、关于"宪政民主"的内涵

从词源和语用的角度看，"宪政民主"是由"宪政"和"民主"构成的复合词。在西方，"宪政"和"民主"分别有着自己不同的起源和演化路径，理论诉求和现实关照也各有侧重，只是到了近代以后，才组合成为"宪政民主"。因而理解"宪政民主"的内涵，必须从理解"宪政"和"民主"各自的内涵开始。关于

---

① 中共中央文献研究室编：《习近平关于全面依法治国论述摘编》，中央文献出版社，2015年，第21页。

"宪政"，虽然不同的学者在使用"宪政"（Constitutionalism）一词时各有侧重，但从总体上看，西方宪政理论强调对政府权力的限制、对人权的保障、对法治的推崇，以及国家权力的分立与制衡，其中限制政治权力和保障公民权利构成了宪政理论的核心。关于"民主"，词源学上的"民主"含义很简单，意指人民的统治或权力，但在具体使用上民主则衍生出了丰富的含义。不过一般来说，西方民主理论强调多数原则、选举程序和代议政治，以此作为现代民主的核心内容。可以看出，尽管同属民主理论的大范畴，但宪政理论与民主理论在理论关注上各有侧重：宪政理论强调对政治权力的限制和对公民权利的保障，重点关注如何限制权力，即权力运作的规则、程序和制度；民主理论则强调政治权力源自人民并为人民所掌控，着重关注的是由谁来行使权力，亦即权力的归属问题。在实践运作中，如果简单地强调对政治权力的限制，宪政有可能侵害人民的民主权利；如果一味强调多数原则，民主则有可能演化为"多数暴政"，侵害少数人的权利。鉴于"宪政"和"民主"各有其优点和局限，因此西方一些思想家、理论家将"宪政"和"民主"融合起来，发展出了"宪政民主"（Constitutional democracy）理论。

从历史发展的角度看，"宪政"和"民主"有着各自相对独立的渊源和流变。虽然在古希腊、古罗马时代的政治制度安排中已经有了分散权力、制衡权力的思想萌芽，但真正意义上的近代宪政思想，发端于英国的洛克、法国的孟德斯鸠和美国的联邦党人等思想家的理论。他们相继阐发的分权与制衡思想，意在反对专制、限制政府权力、保障公民权利，从而构成了西方宪政思想的主干。而尽管古希腊、古罗马时代已经产生了公民选举、参政等民主实践，但真正意义上的近代民主思想，系经法国思想家卢梭等人详尽阐发之后而形成的。尽管宪政思想和民主思想都并非系统而连贯，但大体上前者可被称为西方政治思想中的"自由传统"，后者可被称为西方政治思想中的"民主传统"。以英国资产阶级革命、法国大革命和美国独立战争为标志的近代西方政治的早期演进，主要遵循的是"自由传统"的路径，只是到了19世纪中叶以后，在代表广大人民群众利益的共产主义运动的抗争下，特别是二战以后在社会主义国家的竞争压力下，西方国家才逐步建立健全了以普选为核心的民主制度，同时吸取二战中法西斯主义践踏人权的深刻教训，赋予宪政以保障基本人权的内涵。至此之后，"宪政"与"民主"才携手共进，由此才有了基于此的"宪政民主"理论。

"宪政民主"理论是对西方宪政理论和民主理论的新发展，是对二者的融合，它既强调公民广泛的政治参与等民主的基本价值观，又强调对政府权力的限制等宪政的基本理念，认定宪政民主汲取了宪政和民主各自的优点，而又能够避免各自的缺点，因而是一种"理想的政制"。

二、关于"宪政民主"的实质

"宪政民主"是基于西方历史文化传统而发展形成的一种政治理论样式和政治实践形态，具有浓厚的西方政治法律色彩，其实质是符合西方历史文化传统的一种政治制度，它所蕴含的关于政治理论支撑、政治发展道路、政治体制设置、政治运作原则都具有特殊的"西方性"。

（一）"宪政民主"理论源于西方政治思想

"宪政民主"的研究者们一般都把它的思想理论渊源追溯到古希腊、古罗马时代：古代雅典是世界历史上第一个建立稳定、有效民主政治的国家，并且开创了一种通过制衡的方式控制权力的制度结构；在罗马共和国的政治体系设计中，一些独立的机构分散国家的最高权力，防止任何人把权力扩张为主宰者的意图。据此，美国学者戈登在《控制国家——西方宪政的历史》一书中认为："控制国家权力的行使的需要以及这一点可以通过制度设计做到的观念，在伯里克利时代的雅典和共和时代的罗马政治体系中都是显而易见的。'立宪的'政治秩序的观念其起源与西方政治思想一样古老。"[①] 同时，研究者们也从中世纪教权对王权的制约、自然法思想等中发掘"宪政民主"的思想萌芽，认为英国、美国和法国相继发生的资产阶级革命，更是构成了"宪政民主"发展演化中必不可少的重要环节。

实际上，"宪政民主"理论是对西方政治思想和政治传统的理想化概括，处处显露着西方政治思维特质和政治文化底色。英国历史学家阿诺德·汤因比将现代西方文明视为基督教文明，是从基督教的"蛹体"中孵化而生的。汤因比指出："自从我们的

---

① ［美］斯科特·戈登：《控制国家——西方宪政的历史》，应奇、陈丽微、孟军、李勇译，江苏人民出版社，2001年，第2页。

西方基督教社会在一千二百年以前从教会的母体里呱呱坠地以来，我们的祖先和我们自己都一直是受它的养育哺乳之恩。"①

（二）"宪政民主"制度体现西方式政治安排

在"宪政民主"理论的拥护者看来，"宪政民主"既是一种政治理论，同时也代表着一系列的政治制度安排，包括普选制度、代议制度、司法独立制度、违宪审查制度、人权制度以及权力制约机制等。可以说，西方几乎所有重要的政治法律制度，都被囊括到"宪政民主"这一词语之中。这恰恰可以反过来说明，所谓的"宪政民主"不过是西方政治制度的另一种叫法，只是这种叫法更显得学理化、中立化罢了。**说到底，看似高度抽象化的"宪政民主"制度安排，不过是西方政治法律实践的巧妙学理转换而已；而这种转换由于有意过滤掉了它的弊病和生成它的政治文化背景，使其显得更精巧、雅致、隐秘和高大。**实际上，西方资本主义政治制度是建立在资本主义生产关系之上的上层建筑，它的种种制度安排都体现和反映着资本主义生产关系的要求，以及由这种生产关系所决定的社会利益关系结构。因此，看似中立化、科学化的政治制度的背后，实质上是对资本主义制度的巩固和维护。

---

① ［英］汤因比：《历史研究》，曹未风译，上海人民出版社，1959年，第98~99页。

（三）"宪政民主"根植于西方社会经济生态

经济基础决定上层建筑。近现代西方社会之所以演化出"宪政民主"，从根本上取决于西方社会利益关系格局变化所导致的社会治理结构及其规则的变化。与自由资本主义相适应的，是重点围绕"宪政"建立起来的资产阶级政治制度，其要义在于维护资产阶级生产、贸易的自由；而与垄断资本主义，特别是国家垄断资本主义相适应的，则是重点围绕"宪政"与"民主"相融合而建立起来的资产阶级政治制度。在国家垄断资本主义条件下，资本主义的政治制度既要维持和保障自由的财产权利关系，又要在一定范围内调节社会利益关系，从而不得不采取"宪政民主"这样一种政治制度安排。所以"宪政民主"在西方的存在，缘于一系列特殊的社会条件。

具体来看，私有财产占主导的经济体系，使得以维护财产权为核心的法律制度得以设立；相对发达的生产力发展水平和较完善的社会保障体系，使得普通人也有相对较好的条件进行政治参与；浓厚的宗教文化氛围，使得世俗权力受制于"自然法则"；个人主义的生活方式，使得个体倾向于通过集会结社的方式表达诉求；自由主义占主流的社会思潮，使得限制政府权力的制度得以设立，等等。可以说，离开了这些社会条件，甚至离开了这些社会条件中的任何一个条件，"宪政民主"一定难以有效运转。**实际上，从因果关系上看，"宪政民主"之所以看起来很有吸引力，是因为它存在于西方资本主义的社会生态之中。**这也可以从另一个方面说明，不具备某些社会条件的发展中国家或非西方社会，盲目引入"宪政民主"会事与愿违，甚至会造成灾难性后果，这样的例子不胜枚举。

（四）"宪政民主"的推行出于西方政治霸权意图

"普世文明的概念是西方文明的独特产物。19世纪，'白人的责任'的思想有助于为西方扩大对非西方社会的政治经济统治作辩护。20世纪末，普世文明的概念有助于为西方对其他社会的文化统治和那些社会模仿西方的实践和体制的需要作辩护。**普世主义是西方对付非西方社会的意识形态。**"① 二战以后，特别是冷战结束以后，以美国为首的西方国家利用在国际体系中的霸权地位，肆无忌惮地在广大发展中国家，特别是东中欧、中亚地区强行推行"宪政民主"模式，表现出了赤裸裸的霸权主义和强权政治。并且从一些国家被迫吞下"宪政民主"的苦果看，在西方国家开出的政治"药方"中，宪政被简化为制定宪法，民主被简化为自由选举，本应属于经济、政治、社会权利一体化的人权被简化为片面强调抗争的政治权利，承诺的远远超过了所能兑现的。其结果当然是符合西方的预期：**在被输入"宪政民主"后，发展中国家的整体实力受到严重削弱，西方国家占主导的国际体系得到了进一步强化。**

想清这一点是很重要的：从总体上说，西方国家在全世界

① ［美］塞缪尔·亨廷顿：《文明的冲突与世界秩序的重建》，周琪、刘绯、张立平、王圆译，新华出版社，1999年，第55~56页。

推行"宪政民主"，不是出于善良愿望，其根本目的是为了控制世界，牢牢主导世界体系和世界格局，使其他国家和地区永远处于屈服和顺从的境地，从而最方便、最大限度地获取自身利益。

三、关于"宪政民主"的偏颇

如果说指出"宪政民主"的实质是西方民主，着重解决我们立场要坚定的问题，那么指出"宪政民主"的偏颇，则着重解决我们头脑要清醒的问题。这是因为，即便承认"宪政民主"实质上是西方民主，也不乏有人会认为：西方民主怎么就不能够成为我们的选择？难道仅仅因为它在性质上属于西方就去拒斥它吗？我们现代化的历史不就是一部向西方学习的历史吗？必须承认，我们已经学习了西方的很多东西，未来我们还要向西方学习更多的东西，但在"宪政民主"问题上，远非"学习"那么简单。由于"宪政民主"是对西方政治实践的合理化论证，经过复杂精细的理论加工，它已经去除了自身的弊病，具有所谓的"普世主义"的特征。我们所要做的工作就是要把"宪政民主"进行还原，恢复它的本来面目，拿现实的镜子照它，使它现出原形，这个过程就是指出"宪政民主"存在偏颇的过程。一句话，把它从一种伪装的全球性知识打回到地方性知识的原形。

无论从理论基础，还是从政治实践和现实推行看，"宪政民主"都存在着难以掩饰的偏颇，远非像一些人论证的那样"完美"和"理想"。

（一）理论基础具有深刻缺陷

尽管"宪政民主"理论的拥护者鼓吹"宪政民主"既融合了宪政与民主的优点，又避免了各自的局限，因而是一种理想的政治形态。但是由于宪政与民主有着不同的理论假设和基本理念，二者之间存在着深刻的不可调和的矛盾。从理论假设看，民主理论对人性持相对乐观的态度，认为人是理性的、审慎的；而宪政理论对人性持相对悲观的态度，认为人是感性的、冲动的。正如法国学者布隆代尔所指出的："民主与宪政区别于彼此的最显著的原因，或许根源于立宪主义者对人类天性不可救药的悲观主义与民主政治拥护者不可救药的乐观主义所形成的鲜明对照。"[①] 从基本理念看，民主要求人民直接或间接地掌控权力、参与公共事务，任何的限制都可被视为对民主的削弱；而宪政则要限制一切权力的行使范围和程度，使其不能逾越预定的边界。从这个角度看，民主的动态化运作机制与宪政的静态化维持机制构成了深刻的难以调和的矛盾。正如中国学者佟德志所指出的："在民主国家实现法治是现代西方宪政民主制的逻辑起点，宪政民主制在西方国家的建立实现了民主与法治两种制度的并存，从而完成了政治现代化的过程。然而国家与个人、政治权利与个人权利等种种冲突的原则却注定了宪政民主制内在的逻辑困境。"[②] 德国学者哈贝马斯也撰文指出，宪政民主制本身就是民主与法治之间冲突原

---

① ［法］让·布隆代尔：《民主与宪政》，载［日］猪口孝、［英］爱德华·纽曼、［美］约翰·基恩编：《变动中的民主》，林猛等译，吉林人民出版社，1999年，第88页。

② 佟德志：《卢梭命题与西方宪政民主理论的逻辑困境》，《政治学研究》，2005年第2期。

则的悖谬联结。①

（二）现实"典范"难以令人信服

几乎所有的"宪政民主"论者都把美国等国家的民主形态视为现实中的"典范"，认为这些国家的政治实践是"宪政民主"的最好展现。然而即便我们承认理论上存在着理想的"宪政民主"，实践中的这些所谓"典范"也难以令人信服。比如在美国，依然存在金钱政治大行其道、政党政治蜕变为选举政治、政党轮替造成短视行为等现象，这些弊病已足以令"宪政民主"蒙羞。一旦透过现象看本质，就不难发现，在"宪政民主"这一政治面纱之下，存在着任何力量都难以撼动的、高度组织化、体制化的生产关系结构和利益关系结构。这种大财团、大资本家占主导的社会利益结构，直接影响和决定着美国政治的运作方式和政策制定，这才是美国最真实的政治逻辑。当然，在实际运作中"宪政民主"也发挥着一定的调节社会利益关系的作用，但从根本上说，"宪政民主"无疑从整体上发挥着维护和巩固资本主义社会利益结构的作用。在这个意义上，所谓"宪政"不过是占统治地位的利益集团的集体性自我约束，所谓"民主"不过是占统治地位的利益集团的周期性内部调剂，所谓"宪政民主"不过是占统治地位的利益集团操控社会的政治手法而已。西方政治现实在西方政治理论之镜前竟照出如此之丑态，安能令人口服心服？

---

① See Jürgen Habermas, Constitutional Democracy: A Paradoxical Union of Contradictory Principles? *Political Theory*, Dec. 2001, Vol. 29, No. 6, p. 766.

（三）简单移植造成水土不服

西方国家的"宪政民主"都是在长期的历史发展中，一步步摸索建立起来的，具有特定的时空背景和现实条件。有一些与西方国家经济、社会条件比较相似的国家和地区，如韩国等，因借鉴西方国家的政治制度获得了一定成功，这是不可否认的事实（所付出的割裂政治传统的代价也相当大），长期政治效果尚有待观察。但从总体上看，绝大部分发展中国家在借鉴、吸收西方国家政治、法律制度方面，鲜有取得成功的例子。其根本原因在于，**西方"宪政民主"具有独特的历史传统和强烈的地域文化色彩，同时对于经济社会发展水平也有较高的要求，因而那种仿照西方模式制定宪法、实行普选、放开党争等简单移植西方"宪政民主"的做法，必然会造成水土不服，甚至带来灾难性后果。**

被视为发展中国家民主样板的印度，民主国家的"桂冠"已戴了七十年。就连美国前总统小布什也对印度民主的评价充满敬畏之情："一个人口达到十亿的国家，却有着运转良好的民主制度。这难道不是件了不起的事吗？"[①] 然而揭开"了不起的"幕布，人们不无失望地发现，印度在国家整体治理绩效上却表现不佳，久为人所诟病：四分之一的人口生活在贫困线以下，黑帮分子可以凭借暴力和金钱进入议会，宗教仇杀、恐怖主义活动屡禁不绝，轮奸妇女成为印度的国耻，等等。这绝不是什么"了不起

---

① ［英］吉迪恩·拉赫曼：《印度民主丑陋的一面》，管婧、岱嵩译，英国《金融时报》中文网。

的事"，反而充满了讽刺意味。相反，中国等国家坚持走自己的政治发展道路，批判性借鉴、有保留地吸收西方政治文明成果，积极稳妥地搞好民主政治，提升法治水平，使国家整体治理水平大步前进。正反两方面的例子，很能说明问题。

习近平同志在全国党校工作会议上指出："是非疑，则度之以远事，验之以近物。"冷战结束以来，在西方价值观念的鼓动下，一些国家被折腾得不成样子了，有的四分五裂，有的战火纷飞，有的民不聊生。伊拉克、叙利亚、利比亚这些国家就是典型！如果我们用西方资本主义价值体系来剪裁我们的实践，用西方资本主义评价体系来衡量我国的发展，符合西方标准就是先进的、新颖的，不符合西方标准就是落后的、陈旧的，就要批判、攻击，那后果不堪设想！最后要么就是跟在人家后面亦步亦趋，要么就是只有挨骂的份儿。

四、关于"宪政民主"的启示

"宪政民主"在中国最早是作为一种反对专制的思想理论而被引入的，略等同于民主政治的代名词。近代以来，为了救亡图存，实现民族独立和国家富强，先进的中国人在向西方国家学习的过程中，对于西方政治法律中的先进因素也给予了足够的重视，积极倡导和引入"宪政""民主"等思想。以马克思主义为指导的中国共产党人，在反对独裁专制的过程中，也曾积极倡导和践行"宪政"与"民主"，为中国革命的胜利和新中国的成立提供了有力的话语武器。中国共产党人使用这个名词，也主要是出于反对国民党专制统治，动员和唤起广大人民群众的考虑。新中国成立后的相当一段时间，这个名词脱离了之前的语境，也仅仅作为一个学术性的名词存在。改革开放后的一段时间，这个词也依然主要是一个学术性的存在。进入 21 世纪，在西方政治理论（如"历史终结论"）的推动下，特别是随着"颜色革命"等情况的出现，"宪政民主"越来越多地被赋予了意识形态的色彩，成为美化西方政治制度、诋毁发展中国家政治制度的一个理论武器，由此也在中国等国家引起了思想上、舆论上的争议和反感。

任何民主都是普遍性与特殊性的统一。民主政治作为与专制政治相对立的统治形式和政治形态，具体体现了现代政治文明的基本特征和要求，具有制度形式和运行原则的共同性和普遍性。同时，在不同社会制度的国家，民主的具体内容和实施方式有着很大的差别。因此，面对西方，我们要充分发挥我国社会主义政治制度的优越性，积极借鉴人类政治文明有益成果，绝不照搬西方政治制度模式。面向未来，我们在坚持不懈地深入推进社会主义民主法治建设的过程中，无疑要批判性地借鉴西方"宪政民主"。

（一）对社会主义民主政治建设具有一定启示意义

"没有民主就没有社会主义。社会主义愈发展，民主愈发展。"① 毋庸讳言，在社会主义初级阶段，我国的人民民主、党内民主、基层民主、协商民主等，都还存在较大的发展空间。"宪

---

① 中共中央宣传部编：《习近平总书记系列重要讲话读本（2016 年版）》，学习出版社、人民出版社，2016 年，第 163 页。

政民主"理论强调的民主实现机制、民主运行方式及对民主负面效应的规避等，对于我们进一步深入思考社会主义民主政治建设的路径、动力和发展趋向，具有一定的启示意义。"人民民主是社会主义的生命。"① 中国共产党人倡导民主的立场是一以贯之的，发展民主的决心是不可移易的，对待民主的态度是开放包容的。凡是有利于推动和提升社会主义民主政治建设的思想资源和实践经验，都可以为我所借鉴。比如协商民主，它本属于西方最新的民主理论成果，但经过创造性转化，现已成为中国特色社会主义民主政治的基本组成部分。对待西方民主，当然可以洋为中用，但前提是坚持以我为主，结合国情；取其精华，弃其糟粕。

（二）对社会主义法治国家建设具有一定启示意义

中国共产党人深刻认识到：法治是治国理政的基本方式之一。因此，党的十八大报告专门强调健全权力运行制约和监督体系，确保决策权、执行权、监督权既相互制约又相互协调，确保国家机关按照法定权限和程序行使权力。② 实际上，改革开放四十年来，我国的法治化水平大幅度提升，中国特色社会主义法律体系基本建成，全社会守法、懂法、用法的思想意识深入人心。但从总体上看，建设社会主义法治国家我们还有很长的路要走，在法的制定、法的实施、法的运用方面，还有许多迫切需要加快改进

---

① 中共中央宣传部编：《习近平总书记系列重要讲话读本（2016年版）》，学习出版社、人民出版社，2016年，第163页。
② 参见中共中央文献研究室编：《十八大以来重要文献选编》（上），中央文献出版社，2014年，第22页。

的地方。"宪政民主"理论强调公共权力的规范化、制度化运作，强调人民对政府权力的监督和制约，强调公民依法有序进行政治参与，这些思想对于我们进一步完善中国特色社会主义法律体系，进一步提升党民主执政、科学执政、依法执政的能力和水平，进一步加强党内监督、民主监督、法律监督、舆论监督，具有一定的启示意义。

（三）对尊重和保障人权具有一定启示意义

享有充分的人权是人类长期追求的崇高理想，也是中国人民矢志不渝地为之努力奋斗的一个目标。从一定意义上说，中国共产党领导革命、建设和改革就是为了努力争取和充分实现全国人民的人权，实现中国梦的过程，就是中国人民的人权日益得到更为充分保障的过程。"宪政民主"理论强调宪法是保障人权的最高权威，强调通过法律明确实现人权的程序和方法，强调通过司法手段维护人权，强调对弱势群体人权的宪法保障，这些思想对于我们更好地尊重和保障人权，具有一定的启示意义。在人权事业已经取得巨大成就的基础上，我们还要不断适应人权保障要求和水平的多层化、人权保障内容和种类的多样化、人权保障主体和事项的国际化，在开放交流中学习，在对话合作中共进，继续推动中国的人权事业迈向更高水平。

五、超越西方"宪政民主"

批判和抵制西方"宪政民主"，同时从中吸取其优点和长处，归根到底是为了增强我们在民主法治问题上的话语权，自觉自信地走好中国特色社会主义政治发展道路。学习、借鉴不等于简单的拿来主义，必须以我为主、为我所用，认真鉴别、合理吸收，不能搞"全盘西化"，不能搞"全面移植"，不能照抄照搬。正如习近平总书记在党的十九大报告中所指出的："世界上没有完全相同的政治制度模式，政治制度不能脱离特定社会政治条件和历史文化传统来抽象评判，不能定于一尊，不能生搬硬套外国政治制度模式。"①

（一）批判其错误

"人参误用是毒药，大黄对用是良药。"西方"宪政民主"根植于西方历史文化传统和社会政治生态，在西方国家政治实践的框架和逻辑之内，具有一定的历史合理性与自洽性。**但是把这种"宪政民主"理想化，当作世界各国都应当追求的"普遍价值"，甚至不惜以武力强加于他国，则在理论上是错误的，在实践中是有害的。**之所以在理论上是错误的，是因为"宪政民主"是对西方政治法律实践的片面化理论概括，本身具有明显的理论缺陷和内在矛盾；之所以在实践中是有害的，是因为任何外部经验与理论，将其从它产生和发展的环境中机械地剥离出来，如果不顺应本国的政治发展逻辑，都不会产生好的效果，轻则发生政治动荡，重则带来灾难性后果，西方"宪政民主"也不例外。

清华大学景跃进教授指出，相比于自然科学，社会科学研究必

---

① 《中国共产党第十九次全国代表大会文件汇编》，人民出版社，2017年，第29页。

须处置更为复杂的变量及变量关系。它被内在的三重张力所牵制，如果不是撕裂的话：①因果解释与意义阐释，②科学性与价值性，③普遍性与特殊性。因此，社会科学虽然也有数据、模型和公式，有它硬的方面，但在本质上是门 "软科学"，而不是 "硬科学"。

这一判断意味着什么？在景跃进教授看来，"置身于中国的知识语境，可以更加充分地认识这一点。当代中国政治研究无法回避的两个基本问题是：①是否存在普遍价值？②西方的政治制度是普遍的吗？它们是两个紧密相关的问题，前者涉及价值维度，后者涉及制度维度（经验领域）。当下的所有争论都直接或间接地围绕这两个问题展开"①。

（二）吸取其优长

近现代以来的人类政治文明并非西方国家的独家产品，而是世界各国共同参与塑造的结果，特别是冷战结束后，全球化进程加快，世界范围内多种文明的进一步交流交融，共同深入促进了人类政治文明的发展，互相学习，取长补短，已是当今人类文明发展的主流。中华民族是善于学习的民族，特别是改革开放以来，我们从西方国家学到了许多先进的东西，我国的经济社会发展取得了举世瞩目的成就。为了早日实现中华民族伟大复兴的中国梦，我们还要继续学习世界上一切先进的事物、经验和做法，这自然也包括西方民主法治的某些内容。但是这种学习不应是被动地简

① 景跃进：《中国政治学的方法论反思——问题意识与本土关怀》，《浙江社会科学》，2017年第7期。

单接受，而是立足于本国国情之上的改造与转换，"生吞活剥""囫囵吞枣"无论在理论上还是在实践中都是贻害无穷的。

（三）创新话语体系

"宪政民主"之所以占据强势地位，与它背后强大的学术研究支撑具有密不可分的联系。面对"宪政民主"的强势话语体系，需要我国思想理论界基于中国特色社会主义政治实践，在西方理论的本土化、本国经验的理论化以及中西理论的融合化方面进行深入研究，推出创新成果，在对话交流中展示影响力。**我们要超越西方"宪政民主"，一个基本的任务就是要在思想理论上进行创造性发展，形成一套在研究上立得住、有说服力，并可与之平等对话的话语体系，从而增强在民主法治问题上的话语权。**要走出西方的民主才是真正民主的认识误区，把世界上所有致力于发展民主的国家的经验、成就都纳入研究视野之中。要走出在思想资源和研究话语上单纯依赖西方民主人权研究成果、在西方的研究框架中打转转的错误做法，在充分挖掘、梳理和分析世界各国治国理政的伟大政治智慧、政治思想的丰富资源的基础上，提炼和构建社会主义政治文明的创新理论成果。

（四）走好自己的路

在中国特色社会主义政治发展道路上，我们已经取得了巨大的成就。综观现今资本主义政治制度的困境，反观中国的治理绩效，我们完全有理由对这条道路保持足够的战略自信。如果仍然用西方政治的标准对中国横加指责，一定会陷入认识误区和思想危机不能自拔，就连西方社会的有识之士都已经意识到了这一点。发展中国家政治发展正反两方面的经验告诉我们：民主的实现形式并非只有一种，发展民主的路径更是多种多样。没有最好的民主制度，只有最适合的民主样式；民主不是书斋里的幻想，而是从现实走出来的大道；各国的民主是由内部生成的，而不是由外力强加的。民主政治很重要，走出一条符合国情的、有本国特色的政治发展道路尤其重要。

当然，从根本上说，不落窠臼，超越西方"宪政民主"，要依靠我们走好中国特色社会主义政治发展道路这条自己的路。为此，我们要坚定道路自信、理论自信、制度自信和文化自信，坚持党的领导、人民当家做主、依法治国有机统一这个根本原则，更加注重改进党的领导方式和执政方式，更加注重健全民主制度、丰富民主形式，更加注重发挥法治在国家治理和社会管理中的重要作用，积极稳妥地推进政治体制改革，头脑清醒、意志坚定、步伐稳健、方向正确，夯实实现中华民族伟大复兴的政治法律基础。正如习近平总书记在党的十九大报告中所指出的那样："中国特色社会主义政治制度是中国共产党和中国人民的伟大创造。我们完全有信心、有能力把我国社会主义民主政治的优势和特点充分发挥出来，为人类政治文明进步作出充满中国智慧的贡献！"①

---

① 《中国共产党第十九次全国代表大会文件汇编》，人民出版社，2017年，第32页。

六、针对"宪政民主"搞好研究应对

尽管中国的民主政治建设取得了巨大成就，但一段时间以来，对于它的质疑和指责依然时有出现。比如，一些人按照西方所谓"宪政民主"理论关于民主标准来衡量中国政治，得出了失望的结论：中国"似乎不是"一个民主的国家，充其量也只不过是一个带有民主性的权威主义国家。实际上，**人类政治发展的实践表明，民主是个开放的体系，它没有标准答案**，换句话说，民主政治可以说一国一模式。或者说民主没有原版，任何一个国家都可以根据自己的文化和经济社会条件来发展民主政治，从而任何一个国家都能够而且应当根据本国的政治、经济、文化和社会条件发展形成一套具有本国特色的民主政治。因此，对于西方"宪政民主"，我们要有一个科学的态度。

（一）准确判断"宪政民主"的思想舆论态势

所谓"宪政民主"，并不是多么奇妙、神秘的东西，它只不过是对西方政治法律的实践总结和理论提炼。但是我国学者对该理论的研究呈现出非常复杂的情况：有些人抱着推动社会主义民主法治发展的善良愿望，有些人的出发点则是鼓吹自由主义政治的不良意图，还有一些青年学者特别是青年学生，难以辨识研究中所负载的价值取向和现实倾向，不明就里地在研究上"跟风"，甚至把"宪政民主"视为中国政治发展的最终选择。这种研究偏差投射到理论研究成果、大众传播媒体和政治法律实践中，在一定程度上造成了对我国民主法治建设的指摘、责难与颉颃，也使我们关于中国特色社会主义民主政治的理论宣传和舆论引导陷入被动，应引起高度重视。

（二）考虑历史因素客观评判"宪政民主"

谈宪政、民主等问题，不能不提到我国近代以来的政治史。在清末新政中，中国人首次提到了"宪政""立宪"等词语，后来孙中山又把"宪政"作为一种政治理论提出来，国民党蒋介石政府也搞了所谓"宪政"，张君劢等学者也对宪政大加鼓吹。新文化运动高举"民主""科学"两大旗帜，对于中国近代政治文明的发展起到了巨大的推动作用。中国共产党在革命斗争中，对于真正的"宪政"和"民主"也曾予以倡导，并进行积极实践。因此，对待"宪政民主"，我们不能采取绝对主义的态度，一棍子打死，而必须考虑历史因素，进行客观公正的评判。一方面，要指出"宪政民主"的实质和偏颇；另一方面，也要从正面加以肯定，指出它对于我国民主、法治、人权的启示。这既符合历史唯物主义和唯物辩证法，也有利于从道理上把我们对"宪政民主"的态度讲清楚，不至于给人以割裂历史和立场偏执的印象。

（三）加强对涉及"宪政民主"相关问题的学术研究

我们要认识到，自改革开放以来，特别是20世纪90年代以来，"宪政""宪政民主"等词汇经过多年的研究和使用，已经成为我国法学界、政治学界和经济学界相对比较主流的用语。目前学术界已经开始对其进行嫁接性、拓展性使用，甚至还有人创造出了"社会主义宪政""社会主义宪政民主""宪政社会主义"等若干变体。就相关学术思想态势看，尽管不像"民主社会主义""普世价值"等那样在较短时期内引起关注，但"宪政民主"流传时间长、使用范围广，并且由于政治色彩不那么明显，其蒙蔽性更强，更难以被揭批。从目前来看，反思性的研究成果相对较少，偶尔有一些类似成果，也难以形成强有力的声势。为此我们建议，除了在理论宣传和舆论引导上有针对性地引导人们正确、理性地认识"宪政民主"问题之外，还应当依托中央党校、中国社会科学院等专门研究机构，设置重大课题，组织优势力量，集体进行攻关，以扎实的研究基础和出色的研究成果，规范化、系统化地表明中国共产党在"宪政民主"问题上的立场、态度、观点和看法，为社会思想舆论正确地对待"宪政民主"树立尺度和标杆，也为有序、有度、有效地引导学术研究和社会舆论提供基本参照。

（四）旗帜鲜明地表达我们在"宪政民主"问题上的立场

在当前学术研究和舆论传播中，许多人往往不加鉴别、不假思索地使用"宪政民主"以及相关词汇，为"宪政民主"理论的流传与传播提供空间，特别是有意无意中助长了散布自由主义言论的强烈气焰。旗帜鲜明地向全社会讲清楚我们对于"宪政民主"实质的基本认识，深刻揭示"宪政民主"蕴藏的真实底色，对于批判和制止这种理论的传播，无疑是重要的。**我们的基本态度应当是"扬弃"：既要批判，又要借鉴。而扬弃"宪政民主"，目的是为了超越它。**中国特色社会主义政治发展道路，既不同于西方国家所走过的任何一条政治发展道路，也与绝大多数发展中国家的政治发展道路不大相似，从未来的发展趋势上看必将更加明显地表现出"中国特色"。西方"宪政民主"这个参照系，其参考价值仍然存在，但呈降低趋势，特别是国际金融危机发生以来，西方国家在应对金融危机上的表现，使得无论在非西方国家还是在西方国家内部，对于西方民主法律制度的质疑声音越来越强烈。尽管目前这尚未动摇其根本，但西方的政治设计必然会因此发生一些改变，有些改变可能是根本性的。这当然为我们更加清醒地认识西方"宪政民主"的本真面目提供了难得的契机，也为我们更加坚定地走中国特色社会主义政治发展道路提供了来自外部的警示。一定意义上，西方国家在民主政治的发展完善上所面临的任务，并不比发展中国家少！

总之，"宪政民主"问题涉及中国与西方、历史与现实、学术与政治等多重复杂交错的关系。我们既要直指其本质，揭示其错误，暴露其危害，同时又不能说"外行话""过头话"，那样有可能适得其反。我们要摆事实、讲道理，有力、有序、有效地进行引导，以求得最大化的好效果。

第二讲

如何超越西方"宪政"话语的笼子与陷阱，构建新时代中国特色社会主义法治理论？

　　党的十九大报告指出，全面依法治国是中国特色社会主义的本质要求和重要保障，必须把党的领导贯彻落实到依法治国全过程和各方面，坚定不移地走中国特色社会主义法治道路，建设中国特色社会主义法治体系，建设社会主义法治国家，发展中国特色社会主义法治理论。中国特色社会主义法治理论是在中国特色社会主义法治体系建设和全面推进依法治国的实践中不断发展的，同时也是中国特色社会主义法治体系的理论指导和学理支撑，是全面推进依法治国的行动指南。在西方"宪政"话语仍然具有一定影响的情况下，发展新时代中国特色社会主义法治理论的一项基本任务，就是在深入解析西方"宪政"话语的基础上超越西方"宪政"话语，坚定中国特色社会主义法治建设的理论自信和话语自信。

一、中国情境中的西方"宪政"话语

（一）一个实例引发的问题

　　我们要从中国情境中的西方"宪政"话语说起。自从西方"宪政"话语进入中国情境，它就在中国理论界不断掀起争辩之潮，各方对"宪政"往往有不同的理解，有时还针锋相对。

　　最近的实例是 2013 年年初兴起的关于"中国梦"是否是"宪政梦"的争论。习近平总书记在党的十八大召开后不久就提出"中国梦"的概念，它是对中国特色社会主义共同理想的通俗表达，是对中华民族伟大复兴梦想的简练陈述，很快得到全社会的普遍认可。然而有媒体在 2013 年新年献词中把"中国梦"解释为"宪政梦"，因此引发了激烈争论。[①] 其中核心问题在于："宪政"到底是不是独属西方所有？是不是西方为了搞和平演变而有意对外传播的"普世价值"？应该如何正确对待流行的"宪政"话语？中国是否应该像西方一样搞"宪政"？如果答案是否定的，为什么？

（二）"宪政"话语传入中国后的新义生成

要回答这些问题，不妨先看看西方"宪政"话语进入中国情境的传播史和中国对西方"宪政"话语的接受理解史。西方"宪政"话语传入中国始于清末，特别在甲午战争后，许多人士把日本战胜归因于明治维新，因此促使朝廷举行"预备立宪"，以建立君主立宪政体。且不论清廷立宪心意的真假，由此可见当时对"宪政"的理解至少有两个特点：首先，"宪政"意味着君主立宪政体；其次，"宪政"往往被认为可以带来国家的强盛，或者说，清廷的衰弱被认为与它没有仿照西方或日本实行"宪政"有关。可见，晚清对于"宪政"的理解与其面临的形势密切相关：当时君主制在世界范围内仍是主流，但清朝君主制在内忧外患下已面临严重危机。

我们知道，中国近代屈辱史的开端，是在鸦片战争中首遭大

_____

① 《南方周末》2013 年新年献词标题原是《中国梦，宪政梦》，最后见报时是《我们比任何时候都更接近梦想》。由此引发关于"宪政"问题的巨大争论，并从媒体进入学界，成为整个思想舆论界的重大事件。

英帝国的欺凌。而英国就是世人眼中最典型的君主立宪政体，加上在普法战争中获胜、有称霸欧陆之势的德国也是君主立宪政体，所以日本的政治体制改革在某种程度上就是向英国、德国学习的结果。清朝既有的制度基础就是君主制，故而"预备立宪"时把英、德、日的君主立宪政体视为宪政典型就很好理解了。但随着反清革命的高涨，共和主义思想很快传播开来。在历经辛亥革命、建立民国之后，美国和法国的共和主义宪政模式便逐渐取代英、德、日的君主立宪模式。尤其随着 20 世纪初美国势力在国际政治中的扩展及其影响的增强，美国宪政模式在政制①转型中颇受瞩目。值得注意的是，在君主制崩溃后，民国初年不仅发生了政制论争，更是经历了政制试验，但历史证明，没有任何西方的模式可以解决中国问题。

从清末到民国的宪政改革最终都以失败告终，究其原因，最主要的一条就是，所有的"宪政"试验几乎注定都只是形式主义的，对于当时中国迫切需要解决的根本问题无济于事。当时中国的根本任务是什么？答曰：反帝反封建，建立统一独立的国家政权。就此而言，理论者把"宪政"与"富强"联系起来有足够道理，因为不管是哪家的、什么形式的"宪政"，只要能给中国带来富强，就具有在当时中国存在和生长的充足正当性。无论是严复还是梁启超，对此都有明显的自觉。严复思想中一直保持着对清朝危亡的忧虑意识，在他看来，能够保清朝的政制就是好的，

---

① "政制"在此处的使用大致相当于"政体"（二者是希腊语 politeia、英语 regime 的不同译名），中国古典中亦常用，可视为广义的"政治制度"的简称。

而在民国肇造之后，他仍极力强调"国家""国性"的重要。① 尤其令人深思的是，他本对于英国式宪政的自由理念领悟颇深，但在话语译介中，还是认为"群己权界"比"个人自由"更重要。② 梁启超思想几经转折，但成熟期能代表其毕生思想结晶的，无疑是其关于"国家""国体""民性"的思想。③ 而像胡适那样忠于或溺于自由主义理念的民国知识分子，自然只能够对一直以来都不以"个人自由"为终极关怀的现实政治耿耿于怀，另外主张一种充分容纳"个人自由"的"好政府"。④

　　研究近代中国宪政的学者常常正确指出，"宪政"在近代中国可能压根儿就只是"器"（工具理性），而非"道"（价值理性）。这倒不是因为我们对于"宪政"的本义没有确解或故意曲解，而只是因为我们不能无视或歪曲中国自身的真正需要。应该承认，现代意义上的"宪政"发源自西方，但也正是因此，"宪政"话语在传入中国、展开实验之时，必然面临跨文化传播必然发生的正常变异。"宪政"话语在中国情境中所具有的真实意义，将不仅取决于它在西方情境中的原初意义，更取决于中国人在接受和使用它时，出于中国自身的客观现实需要而赋予它的新意义。这倒不是说人们可以随意赋予"宪政"什么内涵，而无视其原初

---

① 王栻主编：《严复集·诗文（下）》（第二册），中华书局，1986年，第342~345页。
② 王栻主编：《严复集·诗文（上）》（第一册），中华书局，1986年，第131~135页。
③ 《梁启超全集》（第八卷），北京出版社，1999年，第2433~2443、2488~2507页。
④ 《胡适文集》（第3卷），北京大学出版社，1998年，第328~331页。

意义的基本约束，**而是说"宪政"在进入新的情境后若要获得生长壮大，必然得经历在与新土壤的化合反应后生成新的意义，从而其在新情境整体结构中的地位与功能都将随之发生变化。**

（三）毛泽东的"宪政"定义

拿学界众所周知的毛泽东对"宪政"的理解来讲，如果不考虑他说话时的情境和用意，那就只能得出"他根本不懂西方'宪政'"精义的结论。孤立地看，毛泽东为"宪政"下的定义非常简单："宪政是什么呢？就是民主的政治。"① 如果认为这才是"宪政"放之四海而皆准的标准化定义，那就错了。正如孔子对"仁""义"的含义总是因应不同语境而有多种解释，毛泽东对于"宪政"的定义也是根据当时中国具体情境的需要而来。《新民主主义的宪政》这一讲话标题其实已经把对"宪政"的理解限定在了"新民主主义"这一语境，因此毛泽东一开始就先讲了中国新民主主义革命的任务。

"中国缺少的东西固然很多，但是主要的就是少了两件东西：一件是独立，一件是民主……把独立和民主合起来，就是民主的抗日，或叫抗日的民主。没有民主，抗日是要失败的。没有民主，抗日就抗不下去。有了民主，则抗他十年八年，我们也一定会胜利。"② 毛泽东对"宪政"的定义正是紧接着这段话而来。在这里，民主似乎也只是实现民族独立的工具，但由于没有民主，独

---

① 《毛泽东选集》（第二卷），人民出版社，1991年，第732页。
② 同上，第731~732页。

立也是不可能的，而有了民主，独立就是一定能实现的，所以民主也就具有了目标的价值。那么"民主"又是什么呢？对毛泽东思想稍有了解的人都知道，同样源自西方的"民主"话语在中国共产党的词典中，与发动民众、组织民众的群众路线，以及根据具体形势制定的灵活的统一战线密切相关。因此毛泽东才说："什么是新民主主义的宪政呢？就是几个革命阶级联合起来对于汉奸反动派的专政。"[①]

在这里，我们首先看到的是毛泽东对于中国革命的深刻理解，其次是他出于中国革命的实际需要而对"宪政"话语所作的匠心独运的转义。由此展现的一个根本原则是：**不是要使中国革命实践适应西方"宪政"话语的需要，而是要使西方"宪政"话语适应中国革命实践的需要。**如果说"宪政"不只是"器"还是"道"的话，那这就是"宪政"的中国之道。

（四）如何超越西方"宪政"话语

回到 2013 年的争论。经过这场争论，虽然对于西方"宪政"的鼓吹之潮在很大程度上得到了抑制，但有些人的"宪政"情结恐怕一时难以完全破除。事实上，自从 20 世纪 90 年代以来，西方特别是美国的自由主义宪政制度，就被中国学界特别是政治学界、法学界、经济学界的不少人给模式化、神圣化了。这种可以称为"宪政神话"的东西既然由来已久、影响深广，自然也不是倏忽之间就可从人心尽去。但同时我们要注意的是，对于这种西

---

① 《毛泽东选集》（第二卷），人民出版社，1991 年，第 733 页。

化教条主义的批判往往容易陷入另一种教条主义，那就是以抽象僵硬的、具有原教旨意味的"阶级"话语应对西方"宪政"话语，通过简单粗暴地为西方"宪政"话语贴上"资产阶级"的定性标签，而不容置疑地一棒子打死。就其根本而言，这两种教条主义恰可谓相反相成，固执其中一端，只能起到强化另一端的作用，却达不到交流与说服的目的，更无助于真正超越西方"宪政"话语和进行中国特色社会主义法治理论的理论创新和话语创新。

二、西方"宪政"话语的前世今生

（一）从"文明–情境论"理解西方"宪政"话语

要超越西方"宪政"话语，就必须准确理解西方"宪政"话语，而对于西方"宪政"话语的准确理解，必须超越"普世价值论"和"阶级定性论"这两种流行的刻板论调，走向比较视野下的"文明–情境论"。"普世价值论"把西方特别美国式的基督教自由主义宪政视为普遍适用的，忽略了其产生于且适用于特定的"文明–情境"；"阶级定性论"看到了资本主义制度定型时期的西方宪政观的资产阶级本质，但无助于理解其前资本主义的历史渊源及其内在的宗教性。如果说"普世价值论"出于西方中心主义的傲慢，那么"阶级定性论"则出于简单化的偷懒，二者共同的特征是僵化固执。"普世价值论"与"阶级定性论"并非全无道理，但只有褊狭的有限的道理，且只有在"文明–情境论"的视野下，其道理才可能获得较好的理解。

正如西方"宪政"话语进入中国情境会发生转义一样，脱离西方情境也不可能很好地理解西方"宪政"话语的本义。但这是否意味着"宪政"独属西方所有，并导致一种庸俗的特殊主义或相对主义呢？答案是否定的。从哲学上讲，特殊主义与普遍主义、相对主义与绝对主义只是一体两面，正如怀疑论与独断论本是两面一体。"文明－情境论"视野中的西方"宪政"话语，既是普遍的，又是特殊的——其所应对的人类共同生活中的根本政治法律问题是普遍的，而其所提供的一套答案却是特殊的，既源于西方特殊的"文明－情境"，又只适用于西方特殊的"文明－情境"。进而言之，即便同属西方的大的"文明－情境"，但在不同国家的小的"文明－情境"中，西方不同国家的"宪政"话语和实践仍有所不同。因此，从"文明－情境论"出发来理解西方"宪政"话语，必然要对西方"宪政"话语的前世今生进行具体的、历史的分析。

当下中国学界中把西方"宪政"视为"普世价值"的人，往往以英、美宪政为典范，常常流露出"羡慕嫉妒恨"的情感。英、美宪政自有其价值所在，但问题在于，把英、美宪政简单化为一些抽象教义，反而可能遮蔽其真正精义，错失真正理解和学习英、美宪政精神的可能。而且美国宪政与英国宪政虽因存在一定程度的继承关系而具有某些共同的特征，但二者仍具有实质区别。当然，二者之所以成为现代宪政的典范，很大程度上与两国自近世以来先后掌握世界霸权有关。那些正确指出乃至尖锐批评严复纠结在自由与富强之间的人，为什么会有意无意地忽视英、美宪政同样面临此一抉择呢？实际上，即便是西方学术界也常把英、美宪政主义简单化为"控制国家"，并以此来书写整个宪政史。① 然而一定要注意的是，英、美作为海洋国家在国家安全上保有特殊优势，并非英、美宪政必然导致海洋霸权，相反却是英、美海洋霸权保障其宪政制度。只是由于两国特殊而幸运的地缘位置，它们的国家安全更少地受到外敌威胁罢了，它们因此也更容易享受所谓"自由的赐福"，进而形成具有自身特色的宪政文化传统。

（二）先言英国宪政

英国是现代政治文明的发端者，被誉为现代政治制度的"博物馆"。当代历史学家哈勒维在评论英国政治制度时说："英国是供宪政考古的博物馆，这里积聚了以往岁月的陈物遗迹。"② 举凡宪政制度、议会制度、内阁制度、政党制度、文官制度等，几乎所有的现代政治制度都可在英国找到原型。然而只有了解英国历史的独特脉络，才可能对包括宪政制度在内的英国政制有精确的理解。"宪政"（constitutionalism），又称为"立宪主义"，最初在英国所具有的实质含义乃是"王在法下"，即人们常说的"君主立宪"——君主权力要受到宪法或宪法性法律的约束。比如13世纪英国法律思想家布拉克顿在《论英国的法律和习惯》一书中认为，国王虽处在所有人之上，但在上帝和法律之下，是法律造就了国王，而非国王造就了法律，因此国王有义务遵守法律，后世

---

① 参见［美］斯科特·戈登：《控制国家——从古雅典至今的宪政史》，应奇、陈丽微、孟军、李勇译，江苏人民出版社，2008年。

② 转引自阎照祥：《英国政治制度史》，人民出版社，1999年，"前言"第2页。

即称之为"王在法下"。① 就此而言,"宪政"的实质确为"限政",即对最高政治权力的限制。换言之,法律才是最大的王者。当然,17世纪英国思想家霍布斯不会同意这一观点,而只能认为法律是最高主权者之权威的产物。后世著名法学家奥斯丁则进一步把法律称为"主权者的命令"。这一争议反映的实质问题,乃是法律与主权者或理性与意志之间的矛盾。问题的复杂性在于,主权者的立法行为是出于意志还是理性并不一定,历史形成的法律本身是蕴含普遍理性还是仅仅是偶然习俗也并不一定。不过可以肯定的是,英国宪政的形成绝不是某种宪政观念的产物,而是包括封建贵族和资产阶级在内的各种势力,在数百上千年的时间里与国王进行持续斗争的结果。

其中关键是对"自由"和"权利"的捍卫,在英国历史中并非某种形而上学的观念主张,而是意味着具体阶级,特别是贵族对于自身特权和世袭权利的实际主张,所针对的乃是国王大权,所追求的乃是免受国王专断、任性权力的侵犯。英国的幸运不仅源于其岛国位置为之提供的安全保障,还有其贵族阶级由于"玫瑰战争"自相残杀而不似法国贵族那样强大,所以英国王权也就不似法国王权那样专制集中,英国也就没有成为一个所谓的"绝对主义国家"。② 当然,英国史上并非没有渴望并追求专制权力的国王,但那顶多意味着"治理权",即通常所说的行政权的集中,而在审判权领域,国王必须尊重英国悠久的习惯法和普通法传统,不能肆意妄为,这样也就为历史中形成的各种"权利"和"自

---

① 参见李红海:《英国宪政思想的历史演变》,载易继明主编:《私法》(第12辑·第2卷·总第24卷),华中科技大学出版社,2015年。

② 参见[英]佩里·安德森:《绝对主义国家的系谱》,刘北成、龚晓庄译,上海人民出版社,2001年,第113~145页。

由"提供了一定的保障。到了资产阶级完成"光荣革命"后，随着议会主权的形成，国王所保有的权力就比较有限了，君主立宪制才最终确立起来。立法权和行政权的分离以及君主权力的虚化，结果是内阁制度的确立，此时英国宪政的重心，则由对君主权力的限制转向对内阁权力以及后来更广泛的民权运动的限制。

（三）再言美国宪政

美国宪政与英国宪政大有不同，择其要者有四：其一，虽然美国《独立宣言》对英国王权严厉指责，但当时对殖民地政策应负主要责任的实为英国议会及内阁，而美国立宪成立的新国家是一个共和国而非君主国，美国宪政对权力的限制也主要针对的是议会。其二，美国宪政所立足的主要理论基石是自然权利论和社会契约论，是以洛克式政治哲学建国的首例典范。洛克虽为英国人，但英国宪政却主要是历史形成而非理论建构的，英国宪政所保护的各种"权利"亦是历史权利而非自然权利。[①] 其三，即便美国宪政的形成离不开殖民地时期源自英国的历史、文化和法律遗产，但英国是一个有着甚久统一君主制传统的历史国家，美国在联邦成立之前从来不是一个统一国家，故而美国立宪的首要目的并非限权而是集权，即把十三块各自独立的殖民地联合为一个统一的政治共同体。[②] 其四，

---

① 参见 [美] 迈克尔·扎科特：《自然权利与新共和主义》，王崇兴译，吉林出版集团，2008年，"引论"第 1~34 页。

② 参见刘晨光：《美国共和政制：形式与目的的统一——重读〈联邦党人文集〉》，《政法论坛》，2011 年第 6 期；刘晨光：《自由的开端：美国立宪的政治哲学》，上海人民出版社，2012 年，尤其是第二章。

美国宪政的限权方案也是通过分权制衡形成一种"混合政制"，美国宪政由于是民主共和主义的，所以其"混合政制"不再以阶级为基础，而是共和政制下立法、行政、司法不同分支的分立与制衡。[①] 但英国宪政中的分权主要源于阶级斗争，特别是封建贵族与君主、资产阶级与君主，以及后来的资产阶级与无产阶级的斗争，因此其"混合政制"具有古典特征。

当然，美国宪政与英国宪政也有相似之处。比如美国宪政对英国普通法传统的继承，使得英、美法系同为一支；美国远离欧陆内斗，近邻无强国，特别在欧洲帝国主义势力撤出之后，美国享有像英国海岛一样优越的地理位置，且由于大洋阻隔，易守难攻，其国家安全环境更佳，国内自由更有保障；美国宪政建立最初并未设想会形成两党制，美国政党制度和英国政党制度一样都是政治斗争和历史演进的产物。除了法律、地理、政党制度之外，最重要的是美国宪政和英国宪政在宗教渊源和阶级性质方面也具有相似性，而这正构成西方"宪政"最具本质性的共同特征。

（四）西方宪政的实质意涵与宗教背景

我们一般熟知的阶级分析法，是把西方"宪政"定性为"资产阶级性质"。从历史上看，西方"宪政"的演化至少应是从封建社会后期开始，源于封建贵族与君主的斗争，不过从其成熟期来看，西方"宪政"确实定型于资产阶级革命之后，主要服务于

---

① 参见 ［英］M. J. C. 维尔：《宪政与分权》，苏力译，生活·读书·新知三联书店，1997年，尤其是第六章。

资本主义的发展和资产阶级的利益。只是因为具体国情和历史传统的不同，保留君主的国家一开始往往实行的是君主立宪，而没有君主或废除君主的国家则实行更为激进、更具革命性的共和主义宪政，也就是后来所说的"宪政民主"（constitutional democracy）。无论是君主立宪（立宪君主制）还是宪政民主（立宪民主制），都是宪政的不同形式，从前者向后者的变迁，意味着政治正当性的基础由"君主主权"转向"人民主权"。当然，在资产阶级宪政民主下，作为主权者的"人民"主要是指资产阶级，而被限制的"民主"则主要是指无产阶级民主运动。

今日把西方"宪政"奉为制度模板、视为"普世价值"者，往往把"宪政民主"和"自由民主"（liberal democracy）混用，乃至等同视之，其实不无道理。因为在资产阶级取得政权、资本主义国家稳定发展之后，形式化的、抽象平等的"个人自由"被视为宪政的根本目标，为了防止民主政治中"多数人的暴政"（majoritarian tyranny），宪政的基本功能也被认为是对民主的限制和对自由的保障。法国思想家托克维尔最早提出"多数人的暴政"概念，主要源于法国大革命期间雅各宾主义专政，在考察美国民主制时用于指民主制下以多数人的名义行使的专断权力。"我最挑剔于美国所建立的民主政府的，并不像大多数的欧洲人所指责的那样在于它的软弱无力，而是恰恰相反，在于它拥有不可抗拒的力量。我最担心于美国的，并不在于它推行极端的民主，而在于它反对暴政的措施太少。"[1]

---

① ［法］托克维尔：《论美国的民主》（上卷），董果良译，商务印书馆，1991年，第289~290页。

究其实质，在资本主义社会中，宪政要保护的"个人自由"或"个人权利"，最根本的就是霍布斯政治哲学所声张的生命权和洛克政治哲学所声张的财产权。霍布斯指出："著作家们一般称之为自然权利的，就是每一个人按照自己所愿意的方式运用自己的力量保全自己的天性——也就是保全自己的生命——的自由。"①洛克进一步指出："自然状态有一种为人人所应遵守的自然法对它起着支配作用；而理性，也就是自然法，教导着有意遵从理性的全人类：人们既然都是平等和独立的，任何人就不得侵害他人的生命、健康、自由或财产。"② 尤其是私人财产权，乃是资本主义社会运行和扩张的真正权利基础，在它的引领和规定之下，生命存在的目的就是竭力获取财富和享受财富带来的种种快乐。马克思在《黑格尔法哲学批判》中曾说："凡是私有财产不可转让的地方，'普遍的意志自由'和伦理却可以转让……私有财产的'不可转让'同时就是普遍的意志自由和伦理的'可以转让'……在这里，我的意志已经不在支配客体（私有财产），而是意志本身在受客体的支配。"③

所以理所当然，"个人自由"或"个人权利"也便主要是富人或资本家的自由或权利；而西方"宪政"所要限制的"民主"、所要防止的"多数人的暴政"，便是与其相对的穷人或无产者的自由或权利。实际上，无论是在洛克还是在美国联邦党人那里，

① ［英］霍布斯：《利维坦》，黎思复、黎廷弼译，杨昌裕校，商务印书馆，1985年，第97页。
② ［英］洛克：《政府论》（下篇），叶启芳、瞿菊农译，商务印书馆，1997年，第6页。
③ 转引自贺麟：《黑格尔著〈法哲学原理〉一书评述》，载［德］黑格尔：《法哲学原理》，范扬、张企泰译，商务印书馆，1979年，第32页。另可参见《马克思恩格斯全集》（第1卷），人民出版社，1956年，第371页。

即便前者更为直白、后者更为含蓄，革命权也都是人民最后的保留权利。只不过，洛克在《政府论》下卷最后一章为人民的革命权打开了大门，《联邦党人文集》第78篇讨论司法权时则试图把这道门悄悄掩上。在资本主义法权秩序巩固之后，掌权的资产阶级必然会把人民的抗争或革命视为"多数人的暴政"。

进一步言之，"个人自由"或"个人权利"扎根于西方犹太–基督教的深厚宗教背景中。在前基督教的西方古典世界，城邦共同体是西方人的集体家园，个人主义只是某些哲学流派的孤僻倾向，在根本上有悖于古典共和主义的主流传统。基督教一方面使一神教传统进入西方文明，使人类政治世界最高主权者之上多出一个超越的上帝，神圣权威要高于世俗权威；另一方面使原属于政治共同体的成员成为直接孤独面对上帝的赤裸裸的原子式个人，后世自然状态理论中的抽象个人即渊源于此，他被去除了一切偶性，是绝对"自由"的。正是在此基础上诞生了现代自然法理论，它与古典自然法理论的最大不同即在于，前者使人类政治法律世界隶属于并服务于人人所赋有（被神赐予）的抽象平等的自然权利，后者则突出了真正自然正当的秩序高于人类政治法律世界。[①] 现代宪政之所以对政治权威构成约束或限制，正是因为它置身于这一源自基督教的"高级法"或"根本法"传统中，它为

---

① 在古今之变中，Natural Right 发生了从"自然正当"向"自然权利"的变迁。参见［美］列奥·施特劳斯：《自然权利与历史》，彭刚译，生活·读书·新知三联书店，2003年，尤其是第四章、第五章。对现代自然法理论的清理，亦可参见李猛：《自然社会：自然法与现代道德世界的形成》，生活·读书·新知三联书店，2015年。

人类政治法律世界提供了超验的目的，并对其构成了规制。① 值得注意的是，个人被赋予的自由或权利中，虽然从后世看最根本的是财产权，但一开始首要的却是宗教信仰的自由或权利。逐渐世俗化的个人主义自然权利论具有神圣的宗教起源，同样世俗化的社会契约论实际上也源自犹太－基督教的"约法"传统。②

把西方"宪政"话语放置在西方基督教文明传统中来理解，并不意味着"文明决定论"，却印证了"文明－情境论"。也就是说，**基督教文明传统虽不一定必然孕育出西方宪政，但西方宪政离开了基督教文明传统这一情境，就必不可能成为西方宪政**。总之，基督教这一"文明－情境"是西方宪政的必要条件。

（五）缺乏"治理"的西方"宪政"

当然，也有西方法学家试图对西方宪政的生成作纯粹世俗化的解释，比如麦基文在《宪政古今》中就特别强调西方宪政的罗马渊源，认为罗马法律传统中出现的"法律至上"观念，以及治理权和审判权的分离主张，对于后来英国宪政及现代宪政本身影响深远，并且他还认为这是西方宪政最可贵的地方。③ 无疑，对于审判权与治理权的区分，显示了英国宪政中的贵族院和美国宪

---

① 参见［美］爱德华·S. 考文：《美国宪法的"高级法"背景》，强世功译，生活·读书·新知三联书店，1996 年；［美］卡尔·J. 弗里德里希：《超验正义——宪政的宗教之维》，周勇、王丽芝译，梁治平校，生活·读书·新知三联书店，1997 年。

② 参见王恒：《罗马与耶路撒冷——美国宪法的神学—政治问题》，载林国基主编：《约法传统与美国建国》，上海人民出版社，2013 年。

③ 参见［美］C. H. 麦基文：《宪政古今》，翟小波译，贵州人民出版社，2004 年，第二章。

政中的最高法院所享有的审判权对于宪政的关键作用。但同时麦基文一再强调，这绝不意味着要削弱治理权，毋宁说，强大的治理权和对其构成一定约束的独立审判权对于宪政同样重要。麦基文在 20 世纪中期断言，即便在民主化的趋势下，人民取代了国王，法律与意志之间的平衡仍是政治实践的核心问题，而宪政包括的两个基本要素，仍是法律对专断权力的限制和政府对民众全面的政治责任。①

反观今天的西方"宪政"，尤其是被神话化的美国宪政，它在言辞和形式上高扬"个人自由""个人权利"和"选举民主"，同时也在言辞和形式上高扬"法治"和"程序正义"，但政府对民众的政治责任的实际履行情况，事实上却并不尽如人意。那些一提到"宪政"就想到美国宪政，一提到美国宪政就想到三权分立、两党制、议会民主、违宪审查、联邦制的人，应该注意到弗朗西斯·福山对于美国宪政的致命缺陷——否决制（vetocracy）的批评。"我所说的否决制是一项进程，通过该进程，美国的制衡制度导致以大多数选民意志为依托的集体决策变得极为困难。从某种程度上讲，在多个层面重复设立权力部门，进而让联邦、州和地方权力部门都在整个公共政策范畴拥有管辖权，对任何一种此类制度来说，这都可能造成政府各部门很容易互相掣肘的局面。"②

---

① 参见［美］C. H. 麦基文:《宪政古今》，翟小波译，贵州人民出版社，2004 年，第 121~122 页。

② ［美］弗朗西斯·福山:《美国政治制度的衰败》，http://column. cankaoxiaoxi. com/2014/0408/372332. shtml，浏览于 2015 年 9 月 1 日；另参见 Oh for a democratic dictatorship and not a vetocracy，http://wen. org. cn/modules/article/view. article. php/2983，浏览于 2015 年 9 月 1 日。

所谓"否决制"的基本特征，就是我们常说的内斗内行、精于扯皮，成事不足、败事有余。对照一下福山在其著作《政治秩序的起源：从前人类时代到法国革命》[①]中提出的优良政治制度三要素，除了"法治"为其所长之外，被视为现代政制形式之典范的西方"宪政"，无论在"强大有效的国家"方面还是在"回应民众要求的可问责民主"方面，表现得都比较差劲。而这两方面的核心要义，就是麦基文所说的政府对民众的全面政治责任，它也正是治理权的职责所在。缺乏能力与责任的"宪政"，即便"法治"做得再好，所剩的只是形式而已，还能是别的什么吗？

三、社会主义法治理论对西方"宪政"话语的超越

通过对西方"宪政"话语进行"文明–情境论"的简要考察，我们可以看到，那些对西方"宪政"抱有宗教般迷恋态度的人，基本上是以对它的误解或想象为基础的。那种把西方"宪政"简化为抽象教条的人，反而只能加倍降低西方"宪政"的价值。把"宪政"仅仅理解为"限政"不仅是偏狭的，而且根本不切实际。人类社会的政治生活需要秩序，但只能是相对稳定的秩序，因处在绝对的变动不居中，又需要灵活应对不断变化的环境的能力。西方"宪政"所具有的比较普遍的价值，体现在它所回应的人类社会政治治理的基本问题，即霍布斯与柯克之争反映的法律与主权者或理性与意志之间的矛盾问题，麦基文所说的治理权和审判

---

① ［美］弗朗西斯·福山：《政治秩序的起源：从前人类时代到法国革命》，毛俊杰译，广西师范大学出版社，2012 年。

权、意志与法律的平衡问题，福山所说的国家能力、政府责任和法治的统一问题。但由于西方"宪政"根植于犹太-基督教的"文明-情境"之中，成熟定型于资产阶级革命完成之后，它内在所具有的宗教品格和外在所反映的阶级实质都是独特的。且不论它是否值得学习，别的"文明-情境"中的国家大概想学也学不来，除非首先改造自身的"文明-情境"。

当然，我们应该用一颗平常心来看待西方"宪政"，既不掩其美，亦不饰其丑。我们应该同时辨明其优点和不足。那种对西方"宪政"的简单化、模式化理解过于低廉，尤为我们所不取。我们之所以不能东施效颦，照抄照搬西方"宪政"，首先是因为西方"宪政"自身不够好，其次是因为西方"宪政"的好并不一定适合我们。归根结底，置身于中国数千年古典文明传统和近代以来新民主主义-社会主义革命传统的"文明-情境"中，在中国特色社会主义进入新时代的今天，我们应该能够发展出足以超越西方"宪政"话语的中国特色社会主义法治理论，我们也应该能够建设成足以超越西方"宪政"模式的中国特色社会主义法治体系。

习近平总书记指出："我们要坚持的中国特色社会主义法治道路，本质上是中国特色社会主义道路在法治领域的具体体现；我们要发展的中国特色社会主义法治理论，本质上是中国特色社会主义理论体系在法治问题上的理论成果；我们要建设的中国特色社会主义法治体系，本质上是中国特色社会主义制度的法律表现形式。"[1] 基于对中国特色社会主义道路、理论、制度和文化的

---

[1] 习近平：《在省部级主要领导干部学习贯彻十八届四中全会精神全面推进依法治国专题研讨班开班式上的讲话》（2015年2月2日），《人民日报》，2015年2月3日。

"四个自信"，新时代中国特色社会主义法治理论对西方"宪政"话语的超越，主要体现在以下六个方面：

（一）社会主义法治理论不是对西方"宪政"话语的全盘否定，而是借鉴吸收了西方"宪政"话语的合理内核

西方"宪政"的精义是防止任性专断的权力胡作非为，所以西方"宪政"往往表现为一系列以"限政"或"限权"为宗旨的制度设计，而西方"宪政"话语也主要围绕着如何规制国家和政府的权力展开。简言之，其合理内核就是使政治权力运行规范化，建立一种"规范政治"。习近平总书记指出："要加强对权力运行的制约和监督，把权力关进制度的笼子里，形成不敢腐的惩戒机制、不能腐的防范机制、不易腐的保障机制。"[①] "把权力关进制度的笼子里"，着眼点即在于此。而我们要建设的法治国家和法治政府，实质上也就是要使国家和政府权力的运行严格遵循法制轨道，更加制度化、规范化、程序化。

当然，借鉴吸收西方"宪政"话语的合理内核，绝不意味着要照抄照搬西方宪政制度的既定模式。其一，不宜像西方"宪政"话语那样只是一味强调分权制衡，而要看到权力分工基础上的协作配合更加重要；其二，即便是吸纳分权制衡思想，也只能从中国政治的实际出发进行制度设计，而不能直接复制两党制、

---

① 中共中央文献研究室编：《十八大以来重要文献选编》（上），中央文献出版社，2014 年，第 135~136 页。

两院制、联邦制、司法独立等西方宪政模式。**建立符合中国实际的权力制约与监督制度**，正如习近平总书记所说："要强化制约，合理分解权力，科学配置权力，不同性质的权力由不同部门、单位、个人行使，形成科学的权力结构和运行机制。要强化监督，着力改进对领导干部特别是一把手行使权力的监督，加强领导班子内部监督，加强行政监察、审计监督、巡视监督。"①

(二) 社会主义法治理论在根本上是为了服务和发展人民民主 (people's democracy)，而西方"宪政"话语在根本上是为了服务和发展自由民主

无论是何种形式的法治或宪政，都服务于一定的政治目的。社会主义国家实行人民民主专政，规定了国家的根本性质与目的。邓小平很早就说过："为了保障人民民主，必须加强法制。必须使民主制度化、法律化，使这种制度和法律不因领导人的改变而改变，不因领导人的看法和注意力的改变而改变。"② 建设社会主义法治的根本目的是为了更好地发展人民民主，而西方实行"宪政"的根本目的，是为了更好地发展自由民主，限制人民民主。社会主义法治与西方"宪政"的根本区别正在于，人民民主与自由民主的目的论差异。人民民主旨在保证最广大人民群众当家做主的实际权利，不仅从法律形式上规定了公民享有平等的权利与自由，而且注重从经济、社会、文化等各方面积极创造条件予以

---

① 《习近平关于党风廉政建设和反腐败斗争论述摘编》，中央文献出版社，2015年，第128页。

② 《邓小平文选》(第二卷)，人民出版社，1994年，第146页。

保障，促进人和社会的全面进步；自由民主虽然在抽象意义上把
人的权利与自由普遍化，但人们享有的权利与自由往往流于形式，
且局限于政治领域，不注重从经济、社会等其他层面予以实质的
保障，因此最终只能服务于少数资本家和富人的利益，不可能超
越以私有制为基础的资本主义秩序。

西方"宪政"立于基督教自由主义的价值基础，为了与之区
别对待，有人发明"社会主义宪政"或"宪政社会主义"的说法，
然而由于"宪政"已经具有特定的含义，故不宜把"社会主义"
与"宪政"混搭连用，且"法治"具有比"宪政"更丰富的内涵，
"社会主义法治"的意思也就更明确、更丰富。总之，**基于目的论
的差异，社会主义法治之实既然不同于西方宪政，因此也不必采用
西方"宪政"之名**。社会主义法治若采用西方"宪政"之名，则
难免以名害实，无以表现社会主义法治对西方"宪政"的超越。

（三）社会主义法治理论最本质的特征是坚持党的领导，
　　　 党和法、党的领导和依法治国是高度统一的

从词源角度来看，西方"宪政"（constitution）的本意是指一
个政治体的基本制度构成，特别是政治权力结构，颇似古典的
"政制"（regime）观念，因此又常被称为"宪制"。在现代语境
下，一个国家的基本政治权力结构即是由这个国家的成文宪法及
由宪法性法律（constitutional law）、宪法惯例（conventions of the
constitution）和宪法学说等构成的不成文的宪法规定。因此，即
便就西方政治文明传统内部而言，也应该超越对于"宪政"的偏

狭化、教条化理解。假如存在"中国宪政"的话，那么"要理解中国宪政，固然要理解中国的成文宪法，但更重要的是理解现实中规范中国政治生活的形式多样的不成文宪法。目前，仅就不成文宪法的渊源类型而言，不仅有类似《中国共产党章程》这样的规范性宪章，而且还有大量的宪法惯例、宪法学说以及宪法性法律。而每一种不同渊源的不成文宪法，又具有大量的宪法性文本以及广泛而丰富的历史素材和政治实践"[①]。

事实上，无论是古代的"宪政"还是现代的"宪政"，所面临的最基本的问题是一个政治体的主权者与这个政治体的宪制结构的关系问题。在君主制下，这一问题的实质是君主与宪制结构的关系问题；在民主制下，这一问题的实质是人民或人民代表与宪制结构的关系问题。无论是英国的君主立宪制或议会内阁制，还是美国的国会政体或总统制，都要面临这一最基本的问题。在中国政治权力结构中，中国共产党居于领导地位。在人民主权的大前提下，因为革命胜利后转入国家建设，作为主权者的人民退场，而人民代表大会只是定期召开，人民代表并不经常在场，实际上是由党担任了人民的"常在代表"，代表人民行使主权。[②] 党的领导与依法治国的关系，堪比主权者与宪制结构的关系。发展人民民主，离不开党的领导；建设社会主义法治国家，同样离不开党的领导。党领导人民制定法律，同时在法律范围内活动。法律并非一成不变，党领导人民根据形势的变化和实际的需要而修订、废止法律，或制定新的法律。

---

① 强世功：《中国宪法中的不成文宪法——理解中国宪法的新视角》，载潘维主编：《中国模式：解读人民共和国的 60 年》，中央编译出版社，2009 年，第 451 页。

② 参见陈端洪：《制宪权与根本法》，中国法制出版社，2010 年，第四章。

习近平总书记强调："党和法治的关系是法治建设的核心问题。全面推进依法治国这件大事能不能办好，最关键的是方向是不是正确、政治保证是不是坚强有力，具体讲就是要坚持党的领导，坚持中国特色社会主义制度，贯彻中国特色社会主义法治理论。"① 他又说："中国共产党是中国特色社会主义事业的领导核心，处在总揽全局、协调各方的地位。社会主义法治必须坚持党的领导，党的领导必须依靠社会主义法治。法是党的主张和人民意愿的统一体现，党领导人民制定宪法法律，党领导人民实施宪法法律，党自身必须在宪法法律内活动，这就是党的领导力量的体现。党和法、党的领导和依法治国是高度统一的。"②

（四）社会主义法治及其理论的建设必须在坚持党的领导、人民民主和依法治国三位一体基本框架下展开

习近平总书记指出："坚持中国特色社会主义政治发展道路，关键是要坚持党的领导、人民当家作主、依法治国有机统一，以保证人民当家作主为根本，以增强党和国家活力、调动人民积极性为目标，扩大社会主义民主，发展社会主义政治文明。"③ 中国特色社会主义政治文明建设，同样以民主和法治为基本价值导向，但与西方资本主义制度下的"自由民主"和"宪政"有根本不

---

① 习近平：《关于〈中共中央关于全面推进依法治国若干重大问题的决定〉的说明》，《人民日报》，2014年10月29日。
② 习近平：《在省部级主要领导干部学习贯彻十八届四中全会精神全面推进依法治国专题研讨班开班式上的讲话》（2015年2月2日），《人民日报》，2015年2月3日。
③ 《习近平谈治国理政》，外交出版社，2014年，第139页。

同。"四项基本原则"是中国的立国之本,是在中国宪法序言中明确予以表达的中国宪制结构的政治基础,规定了中国发展民主和建设法治的方向和路径。其中,坚持中国共产党的领导和走社会主义道路对于中国政治发展具有最现实也是最根本的规定性。**党的宗旨是为人民服务,社会主义的前途是实现人民的真正解放和社会的全面进步,**正是在此基础上,中国政治发展才有超越西方"宪政"这一政治文明形态的可能性。而其实质,就是中国共产党领导下的人民民主与依法治国的辩证统一。发展社会主义法治,建设社会主义法治理论,不能够脱离这一基本框架孤立地进行。只有在深刻理解了中国特色社会主义政治发展道路的前提下,才可能把握中国法治建设的要义。

(五) 社会主义法治理论更加注重治理权的积极作用,更加注重党的执政能力建设,以及国家能力建设和政府责任建设,归根结底是为了提供一种更优良的国家治理之道

西方"宪政"的"限权"思维建立在"性恶论"的基础上,对于防止权力任性专断很有必要,但是把政府与国家权力仅仅视为"必要的恶"(necessary evil),必然致使权力更加难以成为"积极的善"(positive good)。实际上,在西方"宪政"话语陷入教条自由主义的桎梏之前,治理权的重要性一直都得到承认。英国宪政最初是建立在强大王权的基础上,否则就谈不上对王权的限制;美国宪政的初衷也是为了建立统一国家,首先赋予联邦政府

有效权力，其次才是对其进行限制。

对于中国这样一个有着悠久历史传统、复杂地理环境、多元民族与文化、广土众民的超大型国家而言，因为时刻面临着各种内外问题与挑战，所以有效的治理权显得尤为重要。建设社会主义法治，归根结底是为了提供一种更加优良有效的国家治理之道，需要放在推进国家治理体系与治理能力现代化的广大视野中来审视。"全面依法治国，对于中国这样一个有数千年人治传统的国家来说，无疑是国家治理领域一场广泛而深刻的革命。""如果把治国比喻成一本大书，那么法治就是大纲，纲立文顺、纲举目张。治理体系中，法治体系成为关键一环；治理能力中，依法治国成为重要内容，法治的引领和规范，确保我国社会在深刻变革中既生机勃勃又井然有序。"① 社会主义法治理论应该注重党的执政能力建设，特别是通过法治方式治国理政的能力建设；应该注重国家能力建设，以适应和保障改革发展稳定各项事业的进步；应该注重政府责任建设，以积极回应和满足人民群众的实际需求。

（六）社会主义法治理论立足于中国古典文明传统与近现代革命传统，广泛吸收借鉴人类法治文明优良成果，一定会超越西方"宪政"话语，对人类社会发展做出更大贡献

中国古典文明传统奉行"儒表法里"的治理之道，在"法

---

① 人民日报评论员：《法治让国家治理迈向新境界——四论协调推进"四个全面"》，载人民日报社评论部编著：《"四个全面"学习读本》，人民出版社，2015年，第176~177页。

治"建设方面积累下宝贵的经验与智慧。当然，中国古典法家思想是为君主制度服务的，"法治"的内涵也不同于现代法治，但在管理治理者尤其是严肃吏治方面，对于社会主义法治建设仍有很大借鉴价值。中国古典文明传统主张"德主刑辅"、重视道德教化，尤其是"为政以德"的政治哲学对执政者的道德修为提出高标准严要求，对于社会主义法治建设仍极具启迪意义。社会主义法治理论也要重视法治与德治的有机互补，重视执政党能力建设与党性教育的齐头并进。

近现代革命传统，特别是中国共产党领导的新民主主义-社会主义革命，则为社会主义法治建设提供了高远的视野，那就是要超越西方"宪政"的狭隘目的论，致力于社会解放和人类解放的崇高事业。因此，社会主义法治理论在接纳了自由、权利、平等、民主等价值的同时，力避仅仅使其停留在法律形式层面，而是强调法治文明建设是一项系统工程，要建立在人和社会全面进步的基础之上，并致力于人和社会的全面进步。社会主义革命同样具有伦理内涵，社会主义法治理论也应服务于塑造更好的人和建设更好的社会，而非为法治而法治。在这样的社会主义法治理论指导下，中国的社会主义法治建设可以为人类社会发展和治理方式的探索提供更佳的可能，为人类法治文明进步做出自己应有的贡献。

第三讲

如何深入认识自由主义民主的理论逻辑和危机根源，在国际比较中更好地认识"中国智慧、中国方案"的世界意义？

只有在国际比较的视野下，才能坚定中国的道路自信、理论自信、制度自信和文化自信。冷战时期，经过两代人几十年的建构，西方最终实现了民主话语权的逆袭，自由民主理论开始流行。自由民主理论其实是"自由主义的民主理论"。回顾这一理论的构建过程，我们发现主要有以下两个步骤：第一步，改造民主的概念；第二步，将民主框定在自由主义框架之内，由此形成了自由主义民主政体学说。然而作为一种政体的自由主义民主是高度附条件性的，当没有实行自由主义民主的条件，或者西方国家自身条件发生根本性变化后，自由主义民主政体也必然陷于危机之中。

党的十九大报告指出，中国道路"拓展了发展中国家走向现代化的途径，给世界上那些既希望加快发展又希望保持自身独立性的国家和民族提供了全新选择，为解决人类问题贡献了中国智慧和中国方案"[①]。这不是一般的宣言，而是在国际比较中得出的确定性结论。经历了所谓的第三波民主化浪潮之后，世界上的绝大多数发展中国家走向所谓的自由民主的西方模式，但是出现了大量的"民主回潮"，乃至普遍性的无效治理，西方国家也因所谓的"普世价值"而陷于困境之中。原因何在？

认识西式民主实践中的问题，首先需要弄清其内在的理论逻辑。我们认为，是西式民主理论上的内在张力导致其实践中的大麻烦。众所周知，冷战其实也是一场意识形态战争。冷战初期，

---

① 《中国共产党第十九次全国代表大会文件汇编》，人民出版社，2017年，第9页。

西方理论界完成了对古典民主理论即人民主权的改造，从而奠定其世界性文化支配权的理论基础。但是在非西方社会，被奉为合法性的自由民主政体却难以实现有效的国家治理，使得绝大多数转型国家呈现"无效民主"的国家形态。这背后的根本原因有二：第一，西方所推销的自由民主理论是大大简化了的、有违国家建设战略次序的"选举式民主"；第二，这种理论是一种具有附加条件的政体学说。

一、民主概念大改造：把实质民主的"人民主权"改造为程序民主的"选举式民主"

自由民主理论建构的第一步是改造"民主"概念，即以程序民主替换实质民主。经过 1848 年爆发的法国二月革命和《共产党宣言》发表之后的长达一个世纪的社会平等化运动，古典意义上的"多数人统治"的民主和近代的作为"人民主权"的民主最终深入人心。西方思想界左翼化，以至于哈耶克的精神导师米瑟斯在 20 世纪 20 年代出版的关于社会主义的著作中这样说：不承认社会主义的基本价值在道德上是有瑕疵的。熊彼特在 1942 年出版的《资本主义、社会主义与民主》开篇指出，"人类大步进入社会主义"。

当时，"社会主义"就是"民主""人民当家做主"的同义词。面对这样的世界政治形势，西方世界不但没有在理论上回避，还建构起自己的民主话语体系，对民主概念加以改造，把"人民主权"改造为"选举式民主"。

有趣的是，西方主流政治学界对竞争性选举的态度经历了一

个 180 度大转弯，即从怀疑选举对于民主的意义转变为把民主等于竞争性选举。20 世纪 20 年代，在以李普曼为代表的精英主义和以杜威为代表的民主主义（社会主义）之间，美国理论界有一场关于民主问题的大讨论。精英主义者认为，不存在真正的"公众"，公众只认利益而无道德感；民主主义者认为，大众参与得不够，美国的民主被利益集团把持了。在这场知识界的大争论中，当时的美国政治学界旗帜鲜明地站在精英主义一边。

20 世纪 20 年代，美国政治学行为主义开始兴起，将心理学和量化分析应用到政治学研究中去。然而这种新型研究的结果发现，公开的政治行动是私人、无意识、非理性心理内驱力的投射。大多数人并不清楚自己的最大利益，民主政治只会增加病态人格的投射机率。① 此外，选举行为研究也进一步表明，民主政体中的人是无理性的人。美国学者认为，由于理性的缺失，选举中情感、本能和习惯模式才占据主导地位，因此民主的根本假设，即应该给每个选民提供充足且相对公正的信息，为选民在权衡候选人、思考问题时作出参考是站不住脚的。换言之，民主根本无法表达民意。

在前述的政治形势之下，尽管当时的社会科学家还一致批评民主政府缺乏理性，但是他们并不主张彻底放弃民主，**于是出现了美国政治学界对民主的"本末倒置"的改造：将重视实质正义的古典主义民主改造为重视程序正义的精英主义民主**。许多美国政治学者都赞成，要大幅度限制大众决策权，使少数具有理性和

---

① 参见［美］罗伯特·威斯布鲁克：《杜威与美国民主》，王红欣译，北京大学出版社，2010 年，第 300 页。

智慧的人掌握权力。譬如，拉斯韦尔提倡的是一种"预防政治"，即由社会学家充当治疗师向精英提出建议，然后精英会重新进行思维定向，以便控制政治冲突。哈罗德·古斯内尔更加直截了当地指出，应该由政治学家来认定合格公民所具备的素质，然后由政治学家和心理学家一道设计一个测试，这个测试会比文化水平测验更有利于筛选出不合格的选民。① 1934 年，沃尔特·谢泼特在就任美国政治学协会主席的致辞中，也支持这种"筛选不合格选民的测验体系"②。

20 世纪前半叶，政治学科学化的尝试和努力带来了与古典主义民主相左的发现，通过对选民的非理性本质的揭露，形成了事实与理论之间的张力。美国政治学界认为，大量的证据一致证明，民主中的某些成分要么需要彻底改革，要么需要给出新的、合理的解释。对于这种事实和理论的张力，大多数社会学家倾向于后一种选择，即不是以理论改造现实，而是从现实出发修正理论。他们认为，与其说这是美国民主的问题，不如说这是参与式民主的问题。他们主张，美国民主所需要的不是彻底的改革，而是要对自身的本质进行重新界定，这一新定义会大大缩小理想与现实之间的差距，与其把民主看作由积极的公众所组成的共和国，不如将民主视为由负责的精英所构成的体制，而这种体制在美国是触手可及的。③

---

① 参见［美］罗伯特·威斯布鲁克：《杜威与美国民主》，王红欣译，北京大学出版社，2010 年，第 302 页。

② Walter Shepard, Democracy in Transition, *American Political Science Review*, No. 29, 1935, pp. 18–19.

③ 参见［美］罗伯特·威斯布鲁克：《杜威与美国民主》，王红欣译，北京大学出版社，2010 年，第 302~303 页。

在这种思潮的推动下，到了 20 世纪 40 年代，熊彼特完成了对民主话语体系的彻底改造：将古典主义参与式民主理论改造为以选举为特征的精英主义程序民主理论。其大背景是在两大制度竞争中面对"社会主义占了上风"的世界政治①，如何重新诠释资本主义制度。

当时，社会主义的"上风"体现在哪里？不仅仅发生在经济领域，即苏联的成就和 1929 年大危机之后凯恩斯主义的国家进场，同时因为社会主义声称自己与民主紧密关联，也在价值领域产生了"道德制高点"，即"人民的统治"。

"人民的统治"是一种古典主义民主观，是一种"实质正义"的人民主权论，它强调人民的"统治"。这种古典民主哲学形成于古希腊时期，在 18 世纪末达到顶峰。它指出了国家存在的目的和价值所在：促进大多数人的最大幸福。它相信人民存在共同福祉、共同意志，而这种人民主权说在价值上也是善的，因为它超越了"君权神授"的权威来源，将权力合法性的根源归于人民。

然而熊彼特却首先在道德价值层面解构了人民主权论。他毫不客气地指出，十七八世纪兴盛的社会契约论和代议制实践是一种"虚构"。"根据同样虚构的契约，说人民把他的权力或权力的一部分授予了挑选出来的代表，这些道理实际上就是废品堆栈供应的货色。"② 而连接卢梭社会契约与边沁理论之间的"功利主义"，在熊彼特眼中根本上是理性主义、享乐主义和个人主义的。

---

① 参见［美］约瑟夫·熊彼特：《资本主义、社会主义与民主》，吴良健译，商务印书馆，1999 年，第 438 页。

② ［美］约瑟夫·熊彼特：《资本主义、社会主义与民主》，吴良健译，商务印书馆，1999 年，第 366 页。

　　他接着解构古典主义民主理论：不存在全体人民能够同意或者用合理论证可使其同意的独一无二地决定的共同福利，不存在人民意志，相反却大量存在公共行动中的"乌合之众"。

　　那么是否意味着民主理论无以为继了呢？熊彼特显然不是这么认为。相反，他的雄心在于建立一套新的民主理论，这套理论反对"实质正义"的古典主义，更重视现实。熊彼特承认"现存的社会主义可能是民主的真正理想"。但是"社会主义者在实现社会主义时，并不总是那么讲究方法"①，因此一套更现实的民主理论对资本主义的反击更加有利。

　　这种新的现实的民主理论便是影响深远的精英民主理论。熊彼特的建构工作很简单，就是将古典主义民主理论的优先次序颠倒了一下，这种看似简单的次序转换却带来了价值和程序的重大颠倒。

　　　　（在古典民主理论中）选举代表对民主制度的最初目标而言是第二位的，最初目标是把决定政治问题的权力授予全体选民。假如我们把这两个要素的作用倒转过来，把选民决定政治问题放在第二位，把选举做出政治决定的人作为最初目标。换言之，我们现在采取这样的观点，即人民的任务是产生政府，或产生用以建立全国执行委员会或政府的一种中介体。同时我们规定，民主方法就是那种为作出政治决定而实行的制度安排，在这种安排中，某些人通过争取人民选票取得作决定的权力。②

　　① ［美］约瑟夫·熊彼特：《资本主义、社会主义与民主》，吴良健译，商务印书馆，1999年，第350页。
　　② 同上，第396页。

熊彼特认为，这种以"程序正义"替代"实质正义"的新民主理论的首要好处是："它为我们提供了相当有效的标准，可以用来辨别民主政府和非民主政府。"[①] "在民主政体里，选民投票的首要作用是产生政府。""民主政治的意思只能是：人民有接受或拒绝将来要统治他们的人的机会"，说得更露骨一点——"民主政治就是政治家的统治"[②]。至此，民主的主体已经不再是"民"了，而是"官"。**民主不再是人民主权的含义，而是人民选出政治家来统治他们的具体选举过程。**

就这样，"熊彼特式民主"或"选举式民主"横空出世，并且影响深远。后来的民主理论家萨托利和达尔等人沿袭熊彼特的传统，对此进行大量论证和确认。例如萨托利提出："政治说到底取决于统治者与被统治者的关系。"作为民主制，什么时候发现这个"统治的人民"，换句话说，发现进行统治或充当统治角色的"民"呢？萨托利的答案是："在选举的时候！"**除了选举这一时刻之外，"民主制度是'被统治的'，这无损于它们是民主制度的事实……由于我们的民主制度都是代议制民主制度的这一驳不倒的根据，也必须把它们称为被统治的民主"**[③]。

作为民主程序的选举制度的功能是中性的、具有工具意义的。"选举不制定政策；选举只决定由谁来制定政策。选举不能解决争端，它只决定由谁来解决争端。""选举只从含糊的意义上说明了如

---

① ［美］约瑟夫·熊彼特：《资本主义、社会主义与民主》，吴良健译，商务印书馆，1999年，第396页。

② 同上，第400、415页。

③ ［美］乔万尼·萨托利：《民主新论》，冯克利、阎克文译，上海人民出版社，2009年，第135页。

何统治，它主要是确定由谁来统治。"① 具有工具性质的选举制度是一个古老的制度安排，只是保障了（可能是少数人的）自由选择权，并不必然保障"人民主权"或"实质民主"。选举并不必然保障民主。我们知道，在中世纪的神权政治和世俗政治中，都已经有了选举政治，那时的教皇就是由各地选举出来的教士代表选举出来的。因此，将民主等同于选举，这是对民主内涵的大大简化。

此外，对"程序性民主"的界定，不仅仅是对民主内涵的大大简化，而且由于颠倒了价值和程序，是对当时的民主理论的一种极大的保守化的处理。

首先，它是对社会主义的一种对冲，将民主的领域完全限定在政治场域，与社会主义学说中的"工业民主"思想大相径庭。"没有一个有责任感的人能够以泰然的心态注视民主方法扩展的后果——也就是说从'政治'领域扩展到一切经济事务的后果。"② 但是在资本主义主宰的社会里，谈民主不谈资本主义或者说资本权力的作用，这样的民主意义到底有多大？从马克思的不平等理论到后来美国的不平等的多元主义理论家，都对此提出疑问，认为美国不再是一个民主政治而是寡头政治。

其次，"熊彼特式民主"的保守性还体现出它对自由主义阵营中激进民主主义的一种抵抗。19世纪中后叶，自由主义阵营内部的密尔、格林、霍布豪斯等人就关注到"结果平等"问题，思考贫穷、阶级冲突和国家的积极职能。而熊彼特生活的年代已经

---

① ［美］乔万尼·萨托利：《民主新论》，冯克利、阎克文译，上海人民出版社，2009年，第123、124页。
② ［美］约瑟夫·熊彼特：《资本主义、社会主义与民主》，吴良健译，商务印书馆，1999年，第434页。

过去近一百年，熊彼特式精英民主理论却抛弃民主的实质价值，认为"人民主权论"根本就是一种虚构和不切实际的梦想。这种思想较之带有社会主义倾向的新自由主义而言，是一种极大的保守化。直至20世纪70年代罗尔斯所著的《正义论》的出版，才又重新回归了以国家制度建设来协调自由与平等之间张力的传统。①

这种保守化是对社会主义民主观的一种抗衡。在一个"人类大步迈进社会主义"的时代，社会主义与资本主义之争已不再停留在教科书上和讲坛里，而变成了实实在在的国家制度之争。在当时，社会主义在经济体制和话语权上都占"上风"，西方理论家便在"民主"这个政治价值上与社会主义争夺话语权。熊彼特将"民主"与"资本主义"绑定，认为民主是资产阶级革命后国家建构的政治工具。②"这种国家的存在，主要为了保证资产阶级的合法性，并为所有领域内自主的个人努力提供坚实的精神构架。"③

二战后，原殖民地国家的建国主张多是以"民主"的名义展开，很多新兴国家冠以"民主共和国"的称谓，争夺民主话语权更是成为东西方理论阵营争论的关键点。在这种背景下，西方政治家谈论"民主"时多是沿着熊彼特的民主理论进行的，即把竞争性选举视为民主的最重要，甚至唯一的标准。在这个简单明了的操

---

① 参见曾毅：《密尔晚年的"大转型"及其思想的国家建设意义》，《学习论坛》，2012年第10期。

② 参见［美］约瑟夫·熊彼特：《资本主义、社会主义与民主》，吴良健译，商务印书馆，1999年，第431页。

③ ［美］约瑟夫·熊彼特：《资本主义、社会主义与民主》，吴良健译，商务印书馆，1999年，第431页。

作性定义下，一方面，民主成为西方国家的应有之义和囊中私物；另一方面，在资本主义世界，社会民主主义政党以自由、公正、团结互助的"社会主义基本价值"对资本主义进行改造。① 19 世纪末 20 世纪初，资本主义国家广受批评和诟病的社会问题、贫富差异、阶级分化等议题，由于社会福利和选举权的进一步扩大，也慢慢得到改善。可以说，这场话语权较量改变了东西方的力量对比，除了西方国家在政治社会上的全面自我改善之外，西方社会科学理论家对于民主话语权的建构也功不可没。

经过熊彼特、萨托利等民主理论家的论述和建构，"竞争性选举"成为"自由民主"的标杆，或者说是划分民主-非民主的根本标准。民主的内涵大大简化了。

二、给"选举式民主"定性：自由主义（资本主义）民主

自由民主理论建构的第二步是民主的自由主义化（资本主义化）。将民主限定在自由主义（资本主义）的轨道里，与社会主义脱钩。如果说熊彼特是将程序与实质的顺序颠倒过来，那么萨托利则是将民主与自由进行了捆绑。在西方政治思想史上，"民主"与"自由"一直是一对张力性概念，而萨托利则将二者组合起来，并将"自由"作为"民主"之锚，重心放在"自由"上面。"我们所信奉和实践的民主是自由主义民主。"②

自由主义是工业革命之后的新兴资产阶级的一套学说，因此

---

① 参见殷叙彝：《社会民主主义概论》，中央编译出版社，2011 年，第 40 页。
② ［美］乔万尼·萨托利：《民主新论》，冯克利、阎克文译，上海人民出版社，2009 年，第 318 页。

自由主义其实就是资本主义的代名词，只不过人们喜欢"自由"而讨厌"资本"，自由主义便淹没资本主义而流行。但我们并不能无视自由主义的资本主义本质，即洛克式财产权。明白了这个道理，就可以说**自由主义民主就是资本主义民主**。另外，自由主义又是从贵族制或者说等级制的精英主义脱胎而来，就熊彼特所否认的"人民主权""共同福利"而言，自由主义民主必然是精英主义的。

萨托利指出："在 19 世纪，自由因素胜过民主因素；到 20 世纪，形势发生了变化，今天是民主因素胜过自由因素。"[1]为了赶上"民主"这趟"列车"，西方理论家修改了话语的"轨道"，将古老的自由主义与民主并轨。"**'民主'已经成为一个受到普遍吹捧的词，这似乎注定了无论我们走上什么道路，它都会跟我们结伴而行，我们不妨加入这个游戏。**"[2] 萨托利这样区分"自由主义"和"民主"的内涵，并将民主作自由主义化的处理：

> 从政治意义上来说，民主国家与自由主义国家大致相同，前者在很大程度上只是后者的一个新名称……我们制度中的自由主义和民主主义这两种成分的相互联系，可以描述如此：前者特别关心政治约束、个人首创精神以及国家形式问题，后者则对福利、平等以及社会凝聚力特别敏感。[3]

---

① ［美］乔万尼·萨托利：《民主新论》，冯克利、阎克文译，上海人民出版社，2009 年，第 423 页。
② 同上，第 429 页。
③ 同上，第 421~422 页。

　　萨托利说得很明确，在国家形式（政体）意义上谈论更多的是"自由主义"，而非"民主"。自由的价值优先于民主，二者是有先后次序的。

　　　　自由主义民主这一定义是指以自由——依靠自由——求平等，而不是以平等求自由……无论我们构造什么，都必须首先造就某物，然后它物才能跟进。在盖砖房之前要先制砖。这是程序上的顺序，也是程序上的必然。在这里，砖就是自由。这就是说，自由主义的自由和民主主义的平等是以这种顺序在程序上互相联系的。我们对平等的颂扬可以超过对自由的颂扬，但这不能使取舍顺序中居于首位的在结构顺序中也居于首位。从自由出发，我们可以自由地走向平等；从平等出发，却无法自由地取回自由。这个行程是不可逆的，尚无人能够合理地证明如何把它颠倒过来。民主政体（遭受两千年的非难之后）作为一种美好政体步自由主义后尘得以复苏，这当然是件好事。不难预见，如果追求更大平等这一目的损害了使我们得以要求平等的手段，民主政体将会再度消亡。①

　　在萨托利眼中，作为达到平等的手段的"自由"，高于平等本身的目的。这与熊彼特对程序和实质的颠倒异曲同工。萨托利说："虽说现代人希望少来点'字面上的民主'，例如人民主权之

---

　　① ［美］乔万尼·萨托利：《民主新论》，冯克利、阎克文译，上海人民出版社，2009年，第425页。

类，但他实际上是在企求无止境的'自由主义的民主'。"① **归根到底，萨托利的民主观是自由主义民主，甚至可以说，是给民主留有一席之地的自由主义（资本主义）。**而这里的民主仅有两个意义：①熊彼特式的选举程序，②"它首先意味着寻求更多地社会保障和经济福利"②。

美国几代民主理论家一以贯之的做法都是将民主限定在政治领域而不讨论经济领域的问题，回避自由主义的实质，即洛克式财产权。除了熊彼特和萨托利，多元民主的代表人物达尔所提出的多头政体的七项标准，三项事关自由，四项关于选举。这就是他们的聪明之处，民主来了，他们要面对民主，接受民主的概念，但对民主作了"条件化"处理，即民主必须要框定在自由主义（资本主义）的轨道；而谈论自由主义的时候，又只是讲国家制度建制，避而不谈资本权力如何影响乃至捆绑政制。

将"自由""民主"捆绑的后果是，人们常常将两者视为孪生兄弟，而忽略了二者之间的张力。提及"自由民主"，似乎囊括了所有美好的价值，而忘记了它的背后是"自由主义民主"。仅将民主局限在选举与代议制这个程序上，对经济民主避而不谈，对姗姗来迟的少数族裔普选权也避而不谈。

熊彼特-萨托利式自由民主模型的影响非常深远，今日我们一谈及"民主"，不自觉地就在使用他们的框架。然而通过回顾政治思想史我们可以发现，它始终没有超出经典自由主义的框架，

---

① ［美］乔万尼·萨托利：《民主新论》，冯克利、阎克文译，上海人民出版社，2009年，第310~311页。

② 同上，第424页。

而背后则是"最小化国家"保障资产阶级的经济利益。因为所谓自由竞争下个人努力的保障，其实是对财产权的极大保障，而那些在竞争规则中被残酷淘汰的无产者和下层阶级则不在经典自由主义的视野中。熊彼特此处把民主置换为"竞争选举"，更简单地说，就是"竞争"，再进一步讲，也就是"自由"。在这里，民主被简化为"选举民主"，资本主义被"自由"替代，因此"自由民主"成为资本主义的一套主流价值观。

自由民主理论并没有触动资本主义的"奶酪"。它对资本权力和经济民主避而不谈，而面对美国 20 世纪中期黑人尚未有选举权这个难以启齿的事实，它将选举程序置于人民统治价值之上，提出"民主政治就是政治家的统治"①。按照"选举公职"的民主定义，公职（精英）是第一位的，而大众选举（平民）是第二位的；自由是第一位的，平等是第二位的。这种民主理论是对当时资本主义制度的辩护。熊彼特坦言："民主这个词可以成为一面旗帜，成为一个人所宝贵的所有一切的象征，成为他对他的国家所爱的任何东西的象征。"② 另外，"政客们当然欣赏既能讨好群众、又能提供极好机会来逃避责任和用人民名义压倒对手的辞令"③。将"自由"与"民主"捆绑，使当时处于"下风"的资本主义显得"可爱"多了。

就这样，战后美国政治学界成功地建构了一套完整的自由民主学说。第一步，改造民主的概念，将实质民主替换为"选举民

---

① ［美］约瑟夫·熊彼特：《资本主义、社会主义与民主》，吴良健译，商务印书馆，1999 年，第 415 页。
② 同上，第 392 页。
③ 同上，第 394 页。

主"的程序概念，使民主的内涵大大缩小；第二步，将民主框定在自由主义（资本主义）框架之内，与社会主义脱钩，并通过改造合法性概念，证明只有"选举式民主"才是值得信仰的合法性政治。这为许多发展中国家开出了具有迷惑性的"药方"。

三、自由主义民主危机的根源：政体条件论

20世纪90年代，经过几代人建构起来的自由主义民主在意识形态竞争中击败了苏联，因而被弗朗西斯·福山宣称为人类最好的制度形式，即所谓的"历史终结论"。"历史终结论"的流行让很多非西方国家的精英一度无所适从，不得不随波逐流，最严重的后果就是连阿拉伯国家的一些人也按照自由主义民主的模式搞起了民主化浪潮，即所谓的"阿拉伯之春"。那么实际情况如何呢？二十几年下来，不但在非西方国家的自由主义民主试验遭遇普遍性失败，出现普遍性的无效治理，严重者更是使"阿拉伯之春"变成了"阿拉伯之冬"；"颜色革命"将乌克兰分裂并处于内战之中，就连高举"历史终结论"大旗的西方国家自身，也陷于危机与困境之中。英国脱欧公投的成功让全世界看客跌破眼镜，一向理性的英国政治家突然情绪失控，在事关国家建制性根本问题上"玩"起了本来是属于技术性议程的选举民主。在美国，特朗普当选总统加剧了美国早已存在的国内分裂。所有这些都说明，自由主义民主处于危机之中。那么危机的根源何在？

被简化为"选举式民主"的自由主义民主不但是一套理论，更是一种政体形式，是西方政治道路和政治制度的提炼。如前所

述，它是基于西方自由主义传统和实践进行的自我演化和自我证明。那么后发国家适不适用这种政体形式？

思考"适用性"，特别需要注意的是政体的社会条件。 正如习近平总书记 2014 年 9 月 5 日在庆祝全国人民代表大会成立 60 周年大会上的讲话中所说："设计和发展国家政治制度，必须注重历史和现实、理论和实践、形式和内容有机统一。""不能割断历史，不能想象突然就搬来一座政治制度上的'飞来峰'。"很多后发国家不假思索地搬来这座"飞来峰"，就是因为忽视了它背后暗含着高度的条件性，是一种"附条件的政体论"。

选举式民主有什么前提条件呢？李普塞特曾审慎地指出："没有均质文化，民主前景黯淡。"[①] 因此，即使谈到选举式民主具有合法性，他也只是以美国、英国和瑞典为例，而不敢以尚未定下来的法兰西第五共和国和经历了魏玛共和国失败的德国为例。要知道，这两个国家都是选举式民主所导致的长期动荡或者灾难的典型。其实，有人早就事先警告过德国模仿英国搞代议制民主的危险性。卡尔·施密特认为："民主首先要求同质性，其次要求——假如有必要的话——消灭或根除异质性。"[②] 这才是真正的民主。果不其然，没有均质文化的德国，经历了一场惨绝人寰的灾难。要知道，在一战之后的德国，是意识形态斗争最为激烈的时期，各种极端观点相互碰撞而不能妥协，绝望的德国人最终选举出一个能带来"希望"的希特勒。

---

① ［美］西摩·马丁·李普塞特：《政治人：政治的社会基础》，张绍宗译，沈澄如、张华青校，上海世纪出版集团，2011 年，第 49~50 页。

② ［德］卡尔·施米特：《政治的浪漫派》，冯克利、刘锋译，上海人民出版社，2004 年，第 165 页。

　　著名的历史社会学家迈克尔·曼在《民主的阴暗面》中揭示，美国的选举是白人之间的事，在自己搞选举的同时，对印第安人实行了如今意义上的"种族清洗"；而且后来的德国清洗犹太人，就是研究美国白人清洗印第安人的案例。也就是说，当美国白人搞选举式民主的时候，是同一个种族（即盎格鲁-撒克逊人）内部的事。英国也是实行宗教和解后才有了1832年第一次扩大选举权的宪政改革，假设英国一直处于教派冲突中，该如何搞选举？这个"故事"今天正在上演，看看伊拉克逊尼派、什叶派之间的关系就明了了。

　　因此，即使作为"选举式民主"典范的英国和美国，也是在实现均质文化之后才有选举式民主带来的合法性。不过欧美的社会条件正在发生重大变化：在美国，"拉美化"极大地冲击了传统的盎格鲁-撒克逊白人信奉基督教的"美国信条"，几千万拉美人集聚在曾经属于他们自己"祖国"的加州、新墨西哥州等地，有自己的社区、学校、语言和广播、报纸，并不认同基督教文明，冲击了美国既有的人口结构和价值体系，因此是一种深层次的"国民性危机"，是"美国信条"的危机。加之受到自己倡导的全球化浪潮影响，美国社会贫富差距不断扩大。在这种新的社会条件下，党争民主事实上刺激了固有的种族矛盾和阶级矛盾。因此，"特朗普现象"恰恰是这种冲突和矛盾的产物。但是在"普世价值"熏陶下成长起来的所谓的"建制派"对此视而不见。

　　美国如此，欧洲也并不好过。难民危机对欧洲主要国家人口结构带来了冲击：在德国，头疼的问题是土耳其移民对其国内治理带来的治安危机；在法国，穆斯林人数将在二三十年的时间内超过白人。当人口结构发生了根本性变化之后，党争民主的结果将是什么样的？至少不会等同于二战之后同质化文化下的欧洲政治。

李普塞特所担心的问题必将出现——"没有均质文化，民主前景黯淡"。事实上，在人口结构这个根本性社会条件即将发生根本性变化的时期内，作为政体的自由主义民主的困境与危机已经暴露无遗了。这就要求我们重新回到政体理论本身。**政治层面的政体是社会机体的一个部分而已，是从社会中成长出来的。当既有的社会条件发生变异后，政体本身必然要有适应性调整问题。**但是西方国家既然把自由主义民主鼓吹为"普世价值"，自身就很难得到调整，何况选举式民主只是政体的一个组成部分。冷战理论家们居然把选举式民主视为政体的全部，并上升为"普世价值"。这就导致了双重性问题：一是政体理论的结构性硬伤，即以政体的一个面向代替政体理论的全貌；二是无视自由主义民主即党争民主的社会条件，贸然将其提升为"普世价值"。由此，**不但危及其他文化的社会和国家，同样也伤及自身。西方国家自身能够从自己设计的"陷阱"中跳出来吗？不远的将来就会有确定性答案。**

第四讲

如何认清西方民主话语的基本内容和传播误区，建构中国自身的民主话语？

"民主"被标榜为西方"普世价值"的核心要素之一，由此"民主"被贴上了意识形态的标签，西方似乎掌握了民主的话语霸权。谈及民主必然是西方民主，否则就是非民主的另类，并在中国形成一套传播策略，对中国进行西化、分化、弱化、丑化，妄图使中国陷入各种误区中。鉴于此，为了争夺民主的话语权，必须在批判西方民主和加强舆论引导的基础上，建构中国自身的民主话语与制度体系。

一、西方民主话语的基本内容

西方民主建构起一套完整的话语体系，对民主在价值追求、制度安排等方面进行了打造，以图实现民主的"放之四海而皆准"的普世标准，将"普世价值""民主价值""西方民主价值""西方民主制度""美国民主制度""投票选举程序""普适制度"画等号。

（一）作为价值追求的自由民主

民主在价值上体现了人民的权力、人民的统治，但西方民主强调这种权力的有限性，并在价值追求上体现为自由民主。自由民主是为了防范民主可能对个人权利的侵犯，这也是自由主义民主的担忧所在。早在古典时期，民主理论家就认为民主是个"坏东西"，他们是不看好民主这种政体的；到了近现代，西方民主理论家更是特别强调个人自由。在自由和民主的关系上，自由不必然和民主是一致的，民主造成的"多数人的暴政"就是对自由最明显的侵犯。从字面上，自由将民主拆解为对"民"和"主"的限制，预设了哪些人是"民"，"民"怎么去"主"。换言之，自由民主是与激进民主相对应的。其中，激进民主的典型是"直接民主"（所有人直接统治），"直接民主"又与"间接民主"对应，"间接民主"的典型是"代议民主"（由代理人间接进行统治）。在自由民主与激进民主、直接民主与间接民主的对应关系中，西方自由民主就体现为"代议（制）民主""议会民主"这样的间接民主。这同时也反映了是所谓的"左-中-右"政治光谱，西方民主往往被贴上了意识形态的标签，如"左派民主观""中间派民主观"和"右派民主观"。由此，自由民主代表着"历史的终结""普世的价值"。

（二）作为制度安排的选举民主

西方政治思想史的一个突出特点就是，古今政治思想家都在极力探求哪一种政体是最好的。而民主作为一种政体形式发展至今，在制度安排上与它最直接相关的手段就是"选举"，所以现代西方民主几乎与"选举民主"是同义词。从古典到近现代一路走来的西方民主，现如今最通俗的定义是采取自由、公开、竞争性的选举（特别是最高领导人的选举）的一套国家制度。这是西方判定一个国家和地区是否民主的最核心标准。

事实上，选举民主单纯强调"选举中"，是因为"谁选""选谁""怎么选"等选举进行式环节最简单清晰地反映了民主。随着历史的发展，精英和利益集团在选举进行式中独占鳌头，"精英民主制""多元民主制"随之应运而生。这些类型的选举民主，最核心的特征就是竞选，正所谓"没有竞争性的选举不是选举，没有差额的竞选不是竞选"。为了实现竞选，西方民主政治在制度上设计出选举制度、议会制度和政党制度这三大支柱。举例而言，美国政治制度中的总统制、两党（院）竞争制、三权分立制将竞选贯穿始终。这样，民主变成了"选主"和"为民做主"，成为政治授权和合法性的一种手段，民主的适用范围被局限于此。由此，"美国民主制度""投票选举程序""普适制度"变成西方输出民主的制度模板。

二、西方民主话语在中国的传播策略

立场决定观点。西方总是站在自诩的道德高地上，打着"西方中心主义"的旗号，宣扬西式民主的神话。这鲜明地体现在西方民主话语霸权上，一些西方理论家、政治家，包括国内所谓"公共知识分子"，或偷换概念，或循环论证，或缩小内涵，或扩大外延，引诱中国陷入各种民主的误区中。

误区一：将西方自由民主神话化为绝对的、普世的民主模式，不同于西方民主的模式被视为"异端另类"

西方学者戴着有色眼镜研究"民主的模式"，沾沾自喜地认为最好的民主模式就是自由民主，总是夸大西方民主的优势，认为西方民主是尽善尽美、完美无瑕的：一方面，从制度设计来看，西式民主本身设计得非常好，在制度上具备选举制度、议会制度和政党制度这三大支柱，能够保障民主良好地运转起来；另一方面，从民主的功效来看，西方民主能够带来经济发展、政治稳定、社会和谐、世界和平等，西方民主成为绝好的东西。然而我们看到，西方民主在实践中往往问题重重，相互具有竞争性的三大支柱本身就存在很多制度缺陷，在功能上也没有发挥绝对的正面作用，选举中的参与冷漠、金钱政治，议会制度中的相互拆台、效率低下，政党制度中的党争混乱、功能弱化等，狠狠地打了西方民主的耳光，对其盲目自大形成反讽。

运行于西方现实世界的民主政治的景象是：很多西方国家陷入民主的危机和失灵，往昔美好的福利国家陷入税赋困境，欧美很多国家陷入政权频繁更迭和社会动荡不安的"拉美化"泥潭，欧洲主权国家陷入债务危机。合法性危机和治理危机此起彼伏，老牌民主国家面临经济衰退和政治衰败的现实，新兴民主国家的民主转型和巩固不成功和不成熟，实行了竞争性选举的俄罗斯、伊朗和委内瑞拉出现"民主的回潮"，中亚国家走进既没有进入西方式民主又没有回到传统威权主义的"灰色地带"。西方国家向亚非拉和其他发展中国家输出西方民主模式，是有政治意图的，那种"非我族类，其心必异"的幼稚思维只能被冰冷的现实所击垮。

误区二：将民主等同于选举，特别是等同于搞"一人一票"的竞选

西方民主强调民主的程序性，即竞争性的选举，特别是最高领导人的竞选。无论是熊彼特还是达尔、亨廷顿，概莫能外地强调民主和选举之间的直接关联，民主仅仅成为选人的工具，这种程序民主包含强烈的精英政治色彩。西方理论家和政治家有意宣扬，没有竞选就没有民主，单一地将投票与民主画上约等号，推广西式选举民主，将不具备竞选的国家视为异类，对其进行丑化和歪曲，这显然是别有用心的。其实，一方面，民主选举不单纯地体现为竞争性选举，选举体现在选举前、选举中和选举后的全过程中，选举民主仅仅关注"选举中"的事，其实"选举前"，特别是"选举后"对民主更为重要。这就是现在国内外学者普遍在质疑的选举民主的质量问题：选了人，结果国家治理得不好，仅仅具备形式上的民主样子，结果受害的是普通老百姓。另一方面，民主不单纯是民主选举这一程序性的东西，还体现在民主管理、民主决策和民主监督这些实体民主上，"一人一票"更要体现在这三个方面。民主是全过程的民主，而不是某一个单一环节。

误区三：将美国式民主制度说成"普适性"的西方制度模式，与美式民主不同就是"专制的""独裁的"政治制度

在民主理论上，美国掌握着很强大的话语权。以美国为首的西方学者对美式民主青睐有加，在话语传播和政治实践上，通过大众传播、学术交流、隐秘渗透、军事干涉等，强调以美式民主为模板，其他国家都要唯美国马首是瞻，否则就是跟民主作对，沦为不民主的国家，被丑化为专制独裁的国家。平心而论，美式民主自然有其可以借鉴的优点，一些经典民主理论家也论述过美式民主的有利条件和良好效果。**但一个国家的民主必须是符合本国独特的历史-社会-文化情景，民主是具体的、多样的，不是抽**

象的、单一的，民主在制度安排上是没有一模一样的，简单地照葫芦画瓢往往是风马牛不相及，要模样没模样，要内容没内容。从美国向一些国家移植输出自己的民主情况来看，形式上具备美式民主的空壳，但实质上很难运行，有的要么又重新返回军人干政，要么国弱民穷。就是在美国本土，美式民主制度的一些弊端也暴露无遗：金钱政治、垄断集团、两党倾轧、政治冷漠、极端主义，等等。这些都让美国理论家觉得脸红出汗。**时至今日，美国在国际上一讲民主，全世界的人都会笑，因为它的民主政治对内对外都出现很大问题，名实不符。**

误区四：将民主泛化为包含自由、平等、人权、法治等的政治理念，与西方不同就是"假民主"

民主、自由、平等、人权、法治等政治理念有其复杂的内在关系。然而西方理论家们一方面想当然地把自由、平等、人权、法治等理念混入民主之中，并且以西方的思维方式来理解和宣传，用话语霸权来强行推广，否则就将其他民主视为虚假的民主。另一方面，许多学者又认为民主是实现自由、平等、人权、法治的前提条件，如果不先有民主，这些都无从谈起。历史地看，西方民主也不是一开始都具备自由、平等、人权和法治等要素的，有时候相互之间反而是冲突的，很多经典理论家对不同政治理念的强调侧重点也不同。从政治现实来看，西方理解的自由、平等、人权和法治与其他国家也是有很大不同的，以西方标准来硬性灌输本身就是强扭的瓜不甜，其成效可想而知。

三、建构中国的民主话语

中西方在意识形态上的较量是此起彼伏的。在民主问题上，谁掌握更强有力的话语权，谁就能够更好地排除外来因素的干扰，走适合自己的民主政治发展道路。为此，**跳出西方民主话语传播的误区，必须加强对西方民主的理论批判和国内的舆论引导，更为关键的是，要建构更加成熟、更加定型的中国民主话语体系和民主制度体系。**

（一）加强对西方民主的理论批判和国内的舆论引导

要清醒地看到西方民主的历史局限性和时代局限性。有学者非常形象地批判了西方民主的前世今生：

> 今天我们看到的所谓"民主"都是经过改头换面的民主、去功能化的民主。经过"自由""宪政""代议""选举""多元"一刀刀阉割之后，民主已从难以驾驭的烈马变成了温顺的小羊；穷人已没法利用它来实现最想实现的目标，他们甚至不再知道自己最想实现的目标是什么；富人也没必要害怕这种"鸟笼民主"，鸟笼内外依然是他们的天地。对有产阶级而言，既有唬人的"民主"之名，又无可怕的"民主"之实，这种玩意儿不是"好东西"又是什么？[1]

---

[1] 王绍光：《民主四讲》，生活·读书·新知三联书店，2008 年，第 69~70 页。

因此在舆论引导上，要通过学术研讨、课堂教学、新闻出版、广播媒介、网上传播等平台，充分揭露西方民主的虚伪本质和传播陷阱，破除所谓的西方民主神话。

一方面，西方民主不是想象得那么完美，"西方的月亮也不比中国的圆"，民主也是具体的、历史的，西方民主从起源上来看是不被看成好的东西的，美式民主下黑人享有白人一样的民权只比我国改革开放早了十多年而已，民主发展的历史阶段性显而易见；另一方面，事实上，西方民主已经发生"异化"和变质，民主变"选主"、选举变"钱举"、选贤变"选秀"、制衡变"拆台"、民主选举"游戏化"、民主运作"金钱化"、民主决策"短视化"、民主治理"低效化"。①西方民主变成以美国为首的西方国家打着民主的旗号做不民主的事情，通过政治制度移植来为其背后的经济利益服务，所谓的"输出民主"带来的往往是被输出国家和地区的混乱与贫穷，其丑恶面目昭然若揭。

（二）建构中国民主话语体系

中国需要民主，但中国需要适合自己国情、党情和民情的民主。习近平总书记在庆祝全国人民代表大会成立 60 周年大会上的讲话具有很强的针对性和指引性。他在讲话中指出："设计和发展国家政治制度，必须注重从历史和现实、理论和实践、形式和内容有机统一。"这三个有机统一是要使中国国家政治制度杜绝上述三类关系的割裂："不能隔断历史，不能想象突然就搬来一

---

① 参见张程：《警惕"民主"概念陷阱》，《红旗文稿》，2015 年 8 月 24 日。

座政治制度上的'飞来峰'"；"不可能脱离特定社会政治条件来
抽象评判，不可能千篇一律、归于一尊"；不能"看到别的国家
有我们没有简单认为有欠缺，要搬过来，或者看到我们有而别的
国家没有就简单认为是多余的，要去除掉"。我们要"不忘本来，
学习外来，面向未来"。所以习近平总书记总结道：

> 我们需要借鉴国外政治文明有益成果，但绝不能放弃中国
> 政治制度的根本。中国有960多万平方公里土地、56个民族，
> 我们能照谁的模式办？谁又能指手画脚告诉我们该怎么办？对
> 丰富多彩的世界，我们应该秉持兼容并蓄的态度，虚心学习他
> 人的好东西，在独立自主的立场上把他人的好东西加以消化
> 吸收，化成我们自己的好东西，但决不能囫囵吞枣、决不能
> 邯郸学步。照抄照搬他国的政治制度行不通，会水土不服，
> 会画虎不成反类犬，甚至会把国家前途命运葬送掉。只有扎
> 根本国土壤、汲取充沛养分的制度，才最可靠、也最管用。[1]

1. 借鉴西方民主的有益成果

有关参与式民主和协商民主理论的引介具有重要价值。20世
纪中期在西方兴起的参与式民主理论复兴了"参与"在民主中的
地位，将民主从狭隘的政治领域扩展到整个社会生活，主张公民
从基层、从社区积极参与决策过程，通过自下而上的民主化路径，
建构一种参与性的社会，最终实现每个人自由和平等的发展。社

---

[1] 习近平：《在庆祝全国人民代表大会成立60周年大会上的讲话（2014年9月5日）》，人民
出版社，2014年。

会主义民主应当从与民众紧密相关的公共生活开始，逐渐培养公民的民主素养和能力，营造参与性氛围，进而上升到国家层次的民主。协商合作内在的多元性、包容性、妥协性、交互性的特点和优势，使之与选举竞争一样，已经成为当代民主政治的重要实现形式。协商合作作为当代民主的重要形式，不仅在多个维度上推动了民主政治理论和实践的发展，更将成为民主政治发展的主流方向。

特别是在协商民主方面，党的十八大提出："健全社会主义协商民主"；党的十八届三中全会强调："推进协商民主多层制度化发展"；党的十九大着重说："发挥社会主义协商民主重要作用"。**"四大民主"已经发展为"五大民主"，即民主选举、民主协商、民主决策、民主管理和民主监督。**由此看来，社会主义协商民主已经成为中国民主的新增长点。正如习近平总书记强调的，**在中国社会主义制度下，有事好商量，众人的事情由众人商量，找到全社会意愿和要求的最大公约数，是人民民主的真谛。这一"独特的、独有的和独到的"民主为中国的民主道路提供了创新性的制度支撑**，特别是中共中央印发的《关于加强社会主义协商民主建设的意见》（2015年）对新形势下开展政党协商、人大协商、政府协商、政协协商、人民团体协商、基层协商、社会组织协商等提出了指导性意见，整合了四大特色政治制度，发挥了制度的合力。与此同时，《关于加强城乡社区协商的意见》（2015年）的颁布，使基层协商做牢做实，切实在与基层群众协商中实现最大公约数。

2. 建构中国自身的民主理论

中国民主即中国特色社会主义民主政治，是在中国共产党领导下、与中国国情相适应的、发展中的社会主义性质的民主政治形态。俞可平被认为是"关于中国式民主最受人瞩目的中国理论家"。在 2006 年那篇著名的《民主是个好东西》一文中，他以最简洁的语言表达了自己的民主观。他使用"治理改革"（而非"政治改革"）与"推动中国走向善治"（而非"推动中国走向熊彼特式民主"）这样的表述，用"迂回的方式"来表达自己创新性的政治理念。①

党中央和国务院也先后发布关于政治制度的白皮书和意见，如《中国的民主政治建设》（中华人民共和国国务院新闻办公室，2005 年）、《中国的民族区域自治》（中华人民共和国国务院新闻办公室，2005 年）、《中国的政党制度》（中华人民共和国国务院新闻办公室，2007 年）、《关于加强人民政协协商民主建设的实施意见》（中共中央办公厅，2015 年）、《关于加强城乡社区协商的意见》（中共中央办公厅、国务院办公厅，2015 年）等，表明党和国家在民主政治方面的立场、观点和态度。在中国民主走向何方的问答上："走自己的路，还是照搬西方资本主义民主模式？真正的人民民主，还是实质上的金元民主？人民代表大会一院制，还是三权分立两院制？中国共产党领导的多党合作，还是多党轮流执政？协商民主与选举民主相结合，还是代议制的选举民

---

① 参见汪庆华、郭钢、贾亚娟：《俞可平与中国知识分子的善治话语》，《公共管理学报》，2016 年第 1 期。

主?"①我们坚定地选择前面的选项：**我们走自己的路、要真正的人民民主、采取人民代表大会一院制、中国共产党领导的多党合作制、实现协商民主和选举民主相结合。**

3. 健全中国自身的民主制度

党的十九大强调："健全人民当家作主制度体系，发展社会主义民主政治"，"推进社会主义民主政治制度化、规范化、法治化、程序化"。② 这里着重谈的就是扩大社会主义民主政治制度的特点和优势，体现为一个根本政治制度，即人民代表大会制度；三个基本政治制度，即中国共产党领导的多党合作和政治协商制度、民族区域自治制度，以及基层群众自治制度。以中国特色政党制度为例，中国的政党制度是"一届接着一届干"，美国则是"一届隔着一届干"的政党制度，中国的政党制度可以避免"翻烧饼"，集中精力持之以恒办大事、办难事、办急事。③整体而言，这四大中国特色社会主义政治制度的优势在于，体现了宪法规定的社会主义法制、民主集中制、尊重和保障人权等原则，正确地处理了中央和地方、民族之间及各方面利益等关系。对此，习近平总书记提出了评价一个国家政治制度是不是民主的、有效的

---

① 秋石：《中国特色社会主义民主政治的制度优势与基本特征——划清中国特色社会主义民主同西方资本主义民主的界限》，《求是》，2010 年第 18 期。

② 《中国共产党第十九次全国代表大会文件汇编》，人民出版社，2017 年，第 28~29 页。

③ 参见苏长和：《民主的希望和未来在中国——谈谈中国式民主与美国式民主》，《人民日报·海外版》，2014 年 9 月 5 日/9 月 6 日。

"八个主要标准"①，并强调我们在这些重点问题上都取得了决定性进展，其深意是我国政治制度自然是民主的、有效的。我们完全没有必要盲目地按照国外关于政治制度的好坏标准，觉得我们的政治制度与他们的标准不符，非得用他们的一套标准来生搬硬套到我们头上，甚至让他们对中国政治制度横加指责，影响我们的自信心。实践也证明，盲目照搬照抄国外政治制度往往导致问题重重，甚至以失败告终。更为重要的是，**我们完全可以提出自己的标准，我们不但要看到我们取得的成绩，也要让国外看到我们取得的成绩，我们提出的这些标准不仅适用于中国，而且也是通用的。**我们要掌握自己的话语权，但不是自吹自擂，而是要用事实说话，在心理上、在行动上都要有这个自信。

对于如何坚持和完善中国特色社会主义民主政治制度，习近平总书记曾鲜明地指出，在加强社会主义民主政治制度建设中，必须要防止出现"六种现象"：在党的领导上，切实防止出现群龙无首、一盘散沙的现象；在人民代表大会制度上，切实防止出现选举时漫天许诺、选举后无人过问的现象；在中国共产党领导的多党合作和政治协商制度上，切实防止出现党争纷沓、相互倾轧的现象；在民族区域自治制度上，切实防止出现民族隔阂、民族冲突的现象；在基层群众自治制度上，切实防止出现人民形式上有权、实际上无权的现象；在民主集中制上，切实防止出现相

---

① 八个主要标准是：国家领导层能否依法有序更替，全体人民能否依法管理国家事务和社会事务、管理经济和文化事业，人民群众能否畅通表达利益要求，社会各方面能否有效参与国家政治生活，国家决策能否实现科学化、民主化，各方面人才能否通过公平竞争进入国家领导和管理体系，执政党能否依照宪法律规定实现对国家事务的领导，权力运用能否得到有效约束和监督。参见习近平：《在庆祝全国人民代表大会成立60周年大会上的讲话（2014年9月5日）》，人民出版社，2014年。

互掣肘、内耗严重的现象。①我们要辩证地看这些切实防止出现的"六种现象"。一方面，这些问题是我们加强社会主义民主政治制度建设的必然原因，这些现象在世界其他国家可能或已经出现，我们必须防微杜渐，展现中国特色社会主义民主政治制度的独特优势和优越性，不忘本来、学习外来、面向未来，加强制度的自觉、自信和自强，从而使我们的政治制度设计能很好地防止这些现象；另一方面，我们也要清醒地看到，有一些现象已经在不同层次、不同时间有一些表现，我们不需要掩耳盗铃，自欺欺人，我们需要做的是在发现问题后，积极主动地去找到解决问题的办法，沿着正确的政治方向，落实具体对策，有条不紊地在全面深化改革的政治制度建设道路上"不忘初心，继续前进"。

①　参见习近平：《在庆祝全国人民代表大会成立 60 周年大会上的讲话（2014 年 9 月 5 日）》，人民出版社，2014 年。

第五讲

如何认清西方平等话语的实质及其传播策略，建构中国自身的平等话语？

西方国家将"平等"作为其所谓的"普世价值"的核心要素之一。但马克思主义认为，"普世价值"只是资产阶级思想家的一套说辞而已，它反映的是资产阶级的利益。西方通过虚构和歪曲自身历史的方法，将自己塑造成从来"平等"的国度，殊不知其历史向我们昭示了恰恰相反的东西。与此同时，西方还利用自身作为发达国家的优势，频频指责发展中国家在发展中遇到的问题，以此来打压中国。为了争夺平等的话语权，我们必须在批判西方的平等话语和引导国内舆论的基础上，建构中国自己的平等话语与实践。

一、作为"普世价值"的西方平等话语

当今许多西方国家大谈特谈所谓"普世价值"，并且以之作为评价和抨击其他国家的标准，仿佛他们自己毫无问题，可以心安理得地站在道德制高点上对其他国家评头论足。这样一来，"普世价值"就变成了他们手中的一件"武器"，可以根据其自身利益来随意使用。面对的这样情势，我们有必要对他们的"武器"进行批判，因为只有在清楚地分析研究了他们的"武器"之后，才能锻造出我们自己的"武器"以克敌制胜。

按照西方宣扬"普世价值"这套说辞的人的观点，我们大致可以把"普世价值"的内涵概括如下：西方资产阶级的"自由、民主、平等、人权"是人类文明的最终成果，它们自从其产生的

那天起就具备了普世意义；它们超越了种族、国家、阶级、宗教、地域的界限，是全世界普遍适用的；它们是任何民族都应当认可和追求的价值，同时也是所有国家最终的制度归宿。对于这种现象，马克思和恩格斯在《德意志意识形态》中早就有过近乎天才的分析：

> 在考察历史进程时，如果把统治阶级的思想和统治阶级本身分割开来，使这些思想独立化，如果不顾生产这些思想的条件和它们的生产者而硬说该时代占统治地位的是这些或那些思想，也就是说，如果完全不考虑这些思想的基础——个人和历史环境，那就可以这样说：例如，在贵族统治时期占统治地位的概念是荣誉、忠诚，等等，而在资产阶级统治时期占统治地位的概念则是自由、平等，等等。总之，统治阶级自己为自己编造出诸如此类的幻想。所有历史编纂学家，主要是18世纪以来的历史编纂学家所共有的这种历史观，必然会碰到这样一种现象：**占统治地位的将是越来越抽象的思想，即越来越具有普遍性形式的思想**。因为每一个企图取代旧统治阶级的新阶级，为了达到自己的目的不得不把自己的利益说成是社会全体成员的共同利益，就是说，这在观念上的表达就是：赋予自己的思想以普遍性的形式，把它们描绘成唯一合乎理性的、有普遍意义的思想。进行革命的阶级，仅就它对抗另一个阶级而言，从一开始就不是作为一个阶级，而是作为全社会的代表出现的；它俨然以社会全体群众的姿态反对唯一的统治阶级……只要阶级的统治完全不再是社会

制度的形式，也就是说，只要不再有必要把特殊利益说成是普遍利益，或者把"普遍的东西"说成是占统治地位的东西，那么，一定阶级的统治似乎只是某种思想的统治这整个假象当然就会自行消失。①

从马克思主义的观点看，当资产阶级还是革命的阶级的时候，也就是当他们仍需要联合无产阶级对付封建阶级的时候，资产阶级同样会把这些观念灌输给无产阶级的群众。这一策略之所以能够成功，是因为此时的资产阶级和无产阶级有着更多的共同利益，这个时候的资产阶级俨然是全社会的代表和社会"公共利益"的代言人。而一旦资产阶级站稳脚跟，牢牢地掌握了国家政权，就会把无产阶级一脚踢开。马克思在分析法国 1848 年至 1850 年的阶级斗争史的过程中深刻地揭示了这一点：**无产阶级的要求一旦超出了资产阶级共和国的范围，就会遭到资产阶级的无情镇压，资产阶级和无产阶级具有共同利益的面纱也就被撕碎了。**通过运用马克思主义的阶级观点和阶级分析方法，我们发现**"普世价值"并不是什么真理，而是资产阶级的理论家编造出来的一套说辞，反映的只是资产阶级自身的利益。**

但是为什么一些西方国家的劳动阶级也会支持所谓的"普世价值"呢？这是我们下面要解决的问题。从历史上看，最早发生这种情况的是英国。这是因为，当时的英国资产阶级建立了庞大的殖民帝国，通过向殖民地倾销商品、掠夺原料，积累了大量的财富，谁不想进入英国主导建立的世界贸易体系，谁就会受到他

---

① 《马克思恩格斯选集》（第一卷），人民出版社，1995 年，第 99~101 页。

们的武力威胁；而英国的劳动阶级作为英国民族的一部分，产生了作为统治民族中的一员的幻觉和由此而来的自豪感，所以他们对于资产阶级所倡导的一切都照单全收，全然不顾自身作为被剥削阶级的现实。英国率先爆发工业革命，最早建立资本主义工业经济体系，英国的工业品与世界其他国家和地区的初级产品之间逐步形成了国际分工，在这种国际分工下逐步形成了一个整体性的资本主义世界经济体系，即"中心－外围"体系。英国在当时的国际分工体系中处于"中心"地位，其他国家则是为这个工业中心生产粮食和原材料的"外围"。在这种体系形成的过程中，英国作为"中心"首先享受到技术进步的好处，从一开始就处于有利地位；而广大的"外围"地区则被迫参与以英国为"中心"的国际分工，承担着出口原材料和进口工业品的任务，明显处于不利的地位。

在这种"中心－外围"的关系中，"工业品"与"初级产品"之间的分工并不是互利的，恰恰相反，由于技术进步及其传播机制在"中心"和"外围"之间的不同表现和不同影响，这两个部分之间的关系是不对称的。随后，随着"中心"的转移和范围的扩大，更多的西方国家进入了靠近"中心"的部位，在国际分工体系中处于较为高端的位置，由此拿到了产品附加值中较多的部分；而主要从事加工贸易和原材料供给的国家则处于相对外围的位置，拿到了产品附加值中较少的部分。"中心"国家和接近"中心"的国家的劳动阶级会像当年的英国劳动阶级一样，产生相对于"外围"国家的优越感，并将本民族资产阶级所宣扬的观念当成自己的观念。这样我们就不难理解，为什么西方平等话语虽然只是有利于有产阶级的一套说辞，却获得了"普世价值"的形式，以至于得到了整个社会的青睐了。

二、西方平等话语对中国的传播策略

西方国家给人以这样的印象，仿佛它们在很早的时候就发现了"平等"的观念，并且很早就实现了与之相符的平等。这种说法是完全非历史的，是非常迷惑人的。**这种招数之所以能够取得成功，是因为它们成功地虚构和歪曲了自身的历史，将观念的历史当作现实的历史，最终将自身的历史转换成了神话。**殊不知，历史的真相并不是西方人所宣称的那样。可悲的是，一些没有历史常识的中国人也跟着鹦鹉学舌，被西方的那套叙事方式蒙蔽了双眼。与此同时，西方国家还利用我国作为发展中国家的特点，抛开我国具体的历史和现实，将我们在发展过程中遇到的并且正在解决的一些问题，当作批评我们的"靶子"。

西方吹嘘自己早在古希腊时期就出现了人与人之间的平等。比如他们说，在民主的雅典城邦，所有的公民就都是平等的。但我们不能忘记，雅典所谓的公民只包括城邦中的一部分成年男性，妇女、儿童、奴隶和侨民都是不包括在公民的范围之内的。换句话说，所谓古代雅典城邦公民之间的平等，只是奴隶主阶级内部的男性成员之间的平等罢了，是在一个很小的范围内实现的。在中世纪，虽然基督教宣扬"上帝面前人人平等"的观念，但是基督徒并不认为异教徒与他们是平等的，"十字军东征"最好地说明了这一点。那些不信教和信仰其他宗教的人，被狂热的基督徒认为是应该被消灭的对象，丝毫没有被他们平等待之。到了新教改革之后，不但天主教和新教势如水火，而且新教的各个教派之间有时也相互对立。欧洲历史上极为惨烈的"三十年战争"，就是由天主教和新教之间的争端引起的，结果是整个欧洲大陆上尸横遍野、生灵涂炭。

近代的资产阶级国家鼓吹自由、平等，不过只要我们看看它们的历史，就会知道事情并非如此。尽管英国常常吹嘘自己有着七百多年历史的古老议会，自 1265 年以来基本保持了连续性，但即便是这个议会的下议院，直到很晚近的时候仍然不是民主选举的。① 也就是说，每个英国成年人具有平等的选举权是很晚近的事。在较早的时期，议员只由不到成年人口 1% 的且具有很高财产数量的人选出。1832 年的《大改革法》使获得平等选举权的人数占到了成年人口的 5%；1884 年的《人民代表法》将选举权扩大到房主和租户，以及所有拥有土地和房屋、年收入不低于 10 英镑的人，使得各郡的男性劳动力获得了选举权，选民人数达到了500 万，占成年人口的 25%；1918 年的《人民代表法》则去除了对男性选举权名义上的限制，并将选举权扩展至 30 岁以上的女性，使选民人数达到 2700 万，占成年人口的 99%；1969 年的《人民代表法》降低了投票的最低年龄，由 21 岁降为 18 岁。② 英国虽为老牌的资本主义国家，但是它实现完全平等的选举权利的时间，比中国还要晚。

① 参见［英］比尔·考克瑟、林顿·罗宾斯、罗伯特·里奇：《当代英国政治》(第四版)，孔新峰、蒋鲲译，北京大学出版社，2009 年，第 9 页。
② 参见［英］奈杰尔·福尔曼、道格拉斯·鲍德温：《英国政治通论》，苏淑民译，中国社会科学出版社，2015 年，第 43~44 页。

不但走渐进改良道路的英国如此，就连资产阶级革命比较彻底的法国也不例外。1791 年，法国颁布的第一部成文宪法虽然明确宣布了主权在民原则，但同时它又将公民划分为积极公民和消极公民，指明"选举权和被选举权仅限于积极公民"。积极公民的划分源于西耶士。1789 年 7 月，西耶士向制宪议会提议，以财产为标准将法国公民划分为享有政治权利的积极公民和只享有自然权利及公民权利的消极公民。制宪议会接受了这一建议，12 月颁布了选举法，妇女的政治权利被排除，成年男性公民被分为积极公民和消极公民。1791 年宪法重申了这一划分，规定积极公民的条件为："生为法国人或后来成为法国人；已满 25 岁；在城市或区内具有为法律指定的一个时期的住所；在王国内任何一个地方，至少已经缴纳了相当于 3 个工作日价值的直接税，并须提出纳税收据；不处于奴仆的地位，亦即不处于被雇佣的奴役地位；已登记在其住所地的市乡政府国民自卫军花名册上；已经宣读了公民誓言。"按以上条件划分的结果是：根据制宪议会 1791 年 5 月 27 日公布的统计数字，在当时约 2800 万总人口中，积极公民为 429 万多，约占总人口的 15.6%，占 25 岁以上成年男性公民的 61%，划分排斥了一部分人的选举权。[①] 以"自由、平等、博爱"为标榜的法国，在当时实现的"平等"不过是有产阶级的男性之间的平等罢了。

在 18 世纪以来的美洲大陆，早期的殖民者和后来的美国实行了一系列对印第安人文化和种族的灭绝政策，由于其导致的美洲印第安人的大灭绝，这些行为和政策被统称为"印第安人大屠

---

① 参见刘大明：《大革命时期法国积极公民与选举权问题》，《世界历史》，1992 年第 2 期。

杀"。起初在英、法等西方国家未到达美洲大陆之前，美洲大陆居住 8000 万印第安人，美国区域居住着 1000 万以上的印第安人，而如今生活在整个美洲的印第安人不超过 400 万，在美国的印第安人仅剩 20 万。不无讽刺的是，美国《独立宣言》的主要起草人、美国第三任总统，也就是提出"人人生而平等"的托马斯·杰斐逊，就曾积极参加和推动这种残酷灭绝印第安人的行动。美国 1803 年从拿破仑手中购买路易斯安那以后，随着疆土大步向西推进而大规模驱逐和屠杀印第安人的一系列事件，就是在杰斐逊的总统任期内开始的。同样不能忘记，美国在很长的时期内是蓄奴的，黑人只是从事生产劳作的奴隶，并没有与盎格鲁-撒克逊白人清教徒相同的政治权利，黑人获得平等的政治权利是非常晚近的事。

西方国家不断宣称"法律面前人人平等"，宣扬每个人都有追求幸福的平等权利，但其所谓的平等只是法律和金钱面前的形式平等，而非资本家阶级和被剥削阶级之间的实质平等。马克思敏锐地指出：

> 至于说到他人追求幸福的平等权利，情况是否好一些呢？费尔巴哈提出这种要求，认为这种要求是绝对的，是适合于任何时代和任何情况的。但是这种要求从什么时候起被认为是适合的呢？……资产阶级在反对封建制度的斗争中和在发展资本主义生产的过程中不得不废除一切等级的即个人的特权，而且起初在私法方面、后来逐渐在公法方面实施了个人在法律上的平等权利，从那时以来并且由于那个缘故，平等

权利在口头上是被承认了。但是，追求幸福的欲望只有极微小的一部分可以靠观念上的权利来满足，绝大部分却要靠物质的手段来实现，而由于资本主义生产所关心的，是使绝大多数权利平等的人仅有最必需的东西来勉强维持生活，所以资本主义对多数人追求幸福的平等权利所给予的尊重，即使有，也未必比奴隶制或农奴制所给予的多一些。至于说到幸福的精神手段、教育手段，情况是否好一些呢？[1]

马克思的深刻分析揭示了资产阶级平等的虚伪性和欺骗性：他们所谓的平等，只是资本家在剥削工人方面的平等，以及工人被剥削的平等。

卢梭是一位特别强调权利平等和法律统治的西方思想家，就连他也在其名著《社会契约论》的脚注中说："在坏政府下面，这种平等（指政治权利的平等）只是虚有其表；它只能保持穷人处于贫困，保持富人处于占有。事实上，法律总是有利于享有财富的人，而有害于一无所有的人；由此可见，唯有当人人都有一些东西而又没有人有过多的东西的时候，社会状态才会对人类有益。"[2] 现实的证据也证明了这一点。大量的调查结果显示，美国人对政策制定的影响力与他们的财富水平呈正相关性，仅有1%的美国人可以真正影响政策的制定，真正得到他们想要的东西；而其他人在收入水平、财富等方面处于劣势，对政策制定几乎没有任何影响，相当于被剥夺了参政的权利。财富的不平等最终导

---

① 《马克思恩格斯选集》（第四卷），人民出版社，1995年，第238~239页。
② ［法］卢梭：《社会契约论》，何兆武译，商务印书馆，2005年，第30页。

致了政治的不平等。正因为社会如此不平等，2011 年美国才发生了声势浩大的"占领华尔街"运动。①

这些年来，我国在发展方面取得的成绩有目共睹，特别是自党的十八大以来，面对世界经济复苏乏力、局部冲突和动荡频发、全球性问题加剧的外部环境，面对我国经济发展进入新常态等一系列深刻变化，我们坚持稳中求进的工作总基调，迎难而上，开拓进取，取得了改革开放和社会主义现代化建设的历史性成就。经过长期努力，中国特色社会主义进入了新时代，这是我国发展新的历史方位。中国特色社会主义进入新时代，我国社会主要矛盾已经转化为人民日益增长的美好生活需要和不平衡不充分的发展之间的矛盾。我国稳定解决了十几亿人的温饱问题，总体上实现小康，不久将全面建成小康社会，不仅对物质文化生活提出了更高要求，而且在民主、法治、公平、正义、安全、环境等方面要求日益增长。同时，我国社会生产力水平总体上显著提高，社会生产能力在很多方面进入世界前列，更加突出的问题是发展不平衡不充分，这已经成为满足人民日益增长的美好生活需要的主要制约因素。西方国家抓住我们当前发展过程中遇到的一些问题不放并大做文章，是不合理的。他们的这种做法，是不顾我们的发展所处的历史阶段，而对我们妄加指责。

① 参见沈贺：《社会主义核心价值观与西方"普世价值"的区别——以民主、自由、平等为例》，《衡阳师范学院学报》，2015 年第 4 期。

三、建构中国的平等话语

面对世界范围思想文化交流、交融、交锋形势下价值观较量的新态势，面对改革开放和发展社会主义市场经济条件下思想意识多元、多样、多变的新特点，积极培育和践行社会主义核心价值观，对于高举中国特色社会主义伟大旗帜，决胜全面建成小康社会，夺取新时代中国特色社会主义的伟大胜利，实现中华民族伟大复兴的中国梦，具有重要现实意义和深远历史意义。为此，我们必须加强对西方平等话语的批判和国内的舆论引导，更为关键的是，要建构起更加成熟、更加定型的中国平等话语体系。

（一）认清作为社会主义核心价值观的平等与作为西方 "普世价值" 中的平等之间的根本差异

价值观不是抽象的，总是具体的、历史的，归根结底，它是生活于一定地域和时期的人的社会经济生活的反映。习近平总书记2014年5月4日在北京大学师生座谈会上的讲话中指出："价值观是人类在认识、改造自然和社会的过程中产生与发挥作用的。不同民族、不同国家由于其自然条件和发展历程不同，产生和形成的核心价值观也各有特点。一个民族、一个国家的核心价值观必须同这个民族、这个国家的历史文化相契合，同这个民族、这个国家的人民正在进行的奋斗相结合，同这个民族、这个国家需要解决的时代问题相适应。世界上没有两片完全相同的树叶。一个民族、一个国家，必须知道自己是谁，是从哪里来的，要到哪里去，想明白了、想对了，就要坚定不移朝着目标前进。"① 党的十九大指出，必须坚持社会主义核心价值体系，培育和践行社会主义核心价值观，不断增强意识形态领域的主导权和话语权。我们必须认清社会主义核心价值观中的平等与西方"普世价值"中的平等，也就是社会主义的平等与资本主义的平等之间的根本差异，这样才能更好地坚持社会主义核心价值观，从思想上抵制西方"普世价值"。下面我们着重分析一下两种平等之间的差异。

首先，提出背景不同。社会主义的平等虽然出现得较迟，并且立足于我国社会主义初级阶段的基本国情，但是它扬弃了资本主义的形式平等，提出了实质平等的概念；资本主义的平等则产生于资产阶级反对封建主义的斗争时期，到现在已经经过了几百年的发展。

其次，价值定位不同。在《共产党宣言》中，马克思与恩格斯庄严宣告："代替那存在着阶级和阶级对立的资产阶级旧社会的，将是这样一个联合体，在那里，每个人的自由发展是一切人的自由发展的条件。"② 可以说，马克思主义的全部理论都是围绕着如何使人摆脱剥削、压迫和异化，实现人的自由、解放和发展来展开的，并把实现人的自由、解放和发展视为无产阶级和人类奋斗的价值理想和目标。社会主义核心价值体系，

---

① 《习近平谈治国理政》，外文出版社，2014年，第171页。
② 《马克思恩格斯选集》（第一卷），人民出版社，1995年，第294页。

必然包含中国化的马克思主义、社会主义理想、为人民服务、集体主义等基本内容。西方所谓的"普世价值"观念，体现为极端的个人主义，重在个人、个性的张扬和权利的保障，实际上体现的是有产者的价值追求。**这体现在平等观念上，就是社会主义的平等包含了共同富裕的社会主义理想，而资本主义的平等并没有这样的意涵。**

最后，制度基础不同。社会主义的平等讲的是基于共同富裕的广大人民在各个层次上的平等，而资本主义的平等讲的是基于资本统治的有产阶级的平等。西方"普世价值"观念的落脚点是"个人自由"，社会主义核心价值观的落脚点是最广大人民的根本利益。西方"普世价值"背后的根基是资本，是个人成功；社会主义核心价值观背后的根基是劳动，是共同富裕。正是由于制度基础不同，决定了两种价值观不同的发展趋向与前途，**体现在平等观念上，就是社会主义的平等注重的是广大劳动人民的利益，而资本主义的平等注重的是有产者的利益。**

(二) 把社会主义平等价值观落实到经济发展实践和社会治理中

马克思主义认为，社会意识与社会存在有着密切的关联，社会存在决定社会意识，同时社会意识也对社会存在有能动的反作用。价值观是一种社会意识，它的产生、传播和变化与该时代社会的结构及其变迁紧密相关。社会主义核心价值观的培育和践行也需要立足于新时代中国特色社会主义建设的实际，贯穿于经济发展和社会治理的实践中，形成建设中国特色社会主义新时代的生动局面。由此可见，价值观不仅是一个思想观念的问题，它还要在经济社会发展、社会治理以及制度建设等具体的实践中有所体现。这可以从以下三个方面着手。

首先，**发展是执政兴国的第一要务，要在发展中保障人民的平等权，不断改善民生，完善社会保障制度。**党的十九大指出，增进民生福祉是发展的根本目的。必须多谋民生之利、多解民生之忧，在发展中补齐民生短板、促进社会公平正义，在幼有所育、学有所教、劳有所得、病有所医、老有所养、住有所居、弱有所扶上不断取得新进展，深入开展脱贫攻坚，保证全体人民在共建共享发展中有更多获得感，不断促进人的全面发展、全体人民共同富裕。

其次，**法律法规是推广社会平等价值的重要保证，要把社会主义平等价值观贯彻到依法治国、依法执政、依法行政实践中，落实到立法、执法、司法、普法和依法治理各个方面。**党的十九大指出，全面依法治国是中国特色社会主义的本质要求和重要保障，必须把党的领导贯彻落实到依法治国的全过程和各方面，坚定不移走中国特色社会主义法治道路，完善以宪法为核心的中国特色社会主义法律体系，建设社会主义法治体系，建设社会主义法治国家，发展中国特色社会主义法治理论，坚持依法治国、依法执政、依法行政共同推进，坚持法治国家、法治政府、法治社会一体化建设。我们必须通过厉行法治，严格执法，公正司法，捍卫宪法和法律尊严，来维护社会公平正义。

最后，**要把践行社会主义平等价值观作为社会治理的重要**

内容，融入制度建设和治理工作中，形成科学有效的诉求表达机制、利益协调机制、矛盾调处机制、权益保障机制，最大限度增进社会和谐。党的十九大指出，要健全民主制度，丰富民主形式，拓宽民主渠道，保证人民当家做主落实到国家政治生活和社会生活之中。当前，我国正处于社会资源和利益重新调整与整合的时期，不同利益主体占有的社会资源程度不同，于是在为自己争取利益的能力方面差异就很大，因此要畅通利益表达、参与机制，规范利益协调、权益保障渠道，来反映、协调和维护不同社会阶层、群体、成员的利益，从整体上解决权利、机会和规则不平等问题，用制度体系保证人民当家做主，实现社会的有效治理和最终和谐。

第六讲

如何看待西方法治话语在中国的传播，建构适合中国自身的法治话语？

党的十九大报告指出：要"深化依法治国实践"。全面推进依法治国在国家治理体系中的地位前所未有地凸显。在这个过程中，需要构建符合中国国情的法治话语体系。然而客观而言，中国当前的法治话语的形成与发展，与近代以来西方法治话语的流入与传播有很大关系。事实上，西方法治话语是想象出来的一种主要受自由主义理论支配的话语，绝不能不加辨别地全盘接受。我们需要对其辩证待之，并在此基础上建构我们的法治话语体系。

一、何谓"西方法治话语"

现在西方语境中的"法治"之于我们，已经不是一个陌生的语词。我们常常在日常生活和学术讨论中运用"法治"一词。不论是英语中的"rule of law"，还是德语中的"Rechtsstaat"，我们都在汉语中将其称为"法治"。"法治"似乎已经存在着固定的共识性意涵，我们在每一次运用"法治"话语时，都指的是同一件事。但事实真的如此吗？

美国著名法学家塔玛纳哈曾一针见血地回答了这一问题。他说："即使法治快速并引人注目地上升为一种全球理想，但它是一个极其让人捉摸不定的观念。那些表示支持法治的政府领导人，记录或者使用这一短语的记者，将自己暴露于以法治之名实施的报复威胁之下的异议者，全世界信赖法治的各国公民，很少有人准确地阐述法治的含义。"① 甚至"有多少人在捍卫法治，几乎就有多少法治观"。如此被普遍运用的语词，常常被置于不同的语境中呈现。

事实上，在西方法学史上，"法治"是一个多变的语词。在不同历史时期、不同国家、不同法学家那里，法治话语都会有所区别。在不同的历史时期，如古希腊、古罗马、中世纪、文艺复兴以及当代的法治话语均有不同的特点；在不同的国家，如英美国家与欧洲大陆国家在法治模式上也有诸多差异；在不同的法学家那里，对于"法治"的理解更是多有不同。比如，古希腊时期的亚里士多德被认为是"法治"理论的初创者，他主张的法治就是"已成立的法律获得普遍的服从，而大家所服从的法律又应该本身是制定的良好的法律"②。而 19 世纪英国法治理论的系统阐释者戴雪则将"法治"归纳为三个要素："（1）人民'唯独受法律治理'，犯罪与否皆由法律决定，'再无别物可将此人治罪'。（2）'人民在法律前之平等'，所有人都受到法律平等对待。（3）个人的权利是宪法赖以建立的基础。"③ 当今最著名的法理学者之一拉兹又将"法治"概括为八个原则。如此看来，"法治"诚然是一个很难把握的话语，很难在固定的共识性意涵下统一使用。

而且值得注意的是，在西方语境中，"法治"常常与"民主""宪政""自由"等语词连在一起出现，共同组成"法治"的话

---

① ［美］布雷恩·Z. 塔玛纳哈：《论法治——历史、政治和理论》，李桂林译，武汉大学出版社，2010 年，第 4 页。

② ［古希腊］亚里士多德：《政治学》，吴寿彭译，商务印书馆，1965 年，第 199 页。

③ ［英］戴雪：《英宪精义》，雷宾南译，中国法制出版社，2001 年，第 244~245 页。

语群。"现代的'法治'国家应更集中地表现为一'类'的概念。"①"西方的政治结构既不单是宪政的，也不单是民主或共和的，而是宪政与民主、共和相重叠的复合政治结构。同样的道理，更难以用一个概念对西方如此复杂的社会构造予以表达。"②

二、西方法治话语在中国的流入与传播

如前所述，中国古代并没有西方现代意义上的"法治"观念。直到清末时期，现代意义上的西方法治以及与法治相关的话语群才开始流入我国。彼时，借助对西方法治状况的若干译述，中国人开始真正触及现代意义上的西方法治。自此之后，西方法治话语在中国大地传播开来。大体概括，西方法治话语在中国的传播可以划分为清末、民国和新中国成立后三个时期。③

（一）清末法治话语的流入

程燎原先生认为，法治思想在清末的流入经历了 19 世纪中后期的"法治"认知阶段、"新政"前期"法治"话语的兴起阶段和"立宪"时期"法治"话语的流布三个阶段。④

---

① 张文显：《法哲学范畴研究》（修订版），中国政法大学出版社，2001 年，第 158~160 页。
② 王人博：《法的中国性》，广西师范大学出版社，2014 年，第 123 页。
③ 可以想象，由于西方法治话语的多语境多样态，在其流入中国的很长一段时间里，中国人接触、认识以及使用的所谓法治都是相当碎片化的，有时是西方某一法学家的观点，有时是西方某一时期的观点，等等。
④ 参见范中信、陈景良主编，中南财经政法大学法律史研究所编：《中西法律传统》（第二卷），中国政法大学出版社，2002 年，第 250~251 页。

1. 19 世纪中后期是对"法治"的认知阶段

鸦片战争的惨败促使林则徐、魏源、徐继畲等士大夫开始了解西方，进而对西方的政治制度有了一个初步的了解。程燎原在通过对郭实腊、丁韪良、洪仁玕等人思想的介绍中认为，早期的情形可能是国门的洞开，对西方政治制度的介绍，使得"议会""民主国""共和国""立宪政体"这类在古汉语和历朝历代的典籍中从未出现过的词汇，首先经由西方的翻译者传入中国。这些词汇中就蕴含着法治之意，或至少是法治之意的部分内容。19 世纪末期，虽然"法治"的语词仍不多见，但在思想界和朝廷的一些人士对西方政制、法律、司法状况的陈述中，却更加明确地透露出中国人对西方法治某些实质方面的认知和识别。[①] 所以 19 世纪晚期，中国人对西方法治话语的认知还处在一个十分模糊的阶段，但对西方法治的某些内涵已经有了基本的认知。

2. "新政"前期"法治"话语的兴起阶段

自 20 世纪初起，在政体纷争、变法修律及西方法政学说被大规模引入等多重因素的刺激下，中国的思想家、法学家、法律家和官员们开始逐步认同、引入、提炼并广泛使用这类"法治"话语。[②] 此外，在戊戌变法失败未久，接踵而至的是"庚子事变"。清廷在经历了逃难、议和与赔款等丢尽脸面的事件之后，又一次开始接受变法的主张，尤其是刘坤一和张之洞发出的"江楚会奏变法三折"，不仅显示了清朝官僚系统内部的"变法派"的力量，而且列明了之后五年变法的主要方向和措施，如法律改革、大量

---

① 参见范忠信、陈景良主编，中南财经政法大学法律史研究所编：《中西法律传统》（第二卷），中国政法大学出版社，2002 年，第 251~252 页。
② 同上，第 250 页。

选派留学生和翻译西学书籍等。这些变法措施，使得时人更加关注治道治术和西方的法政之学，"法治"之类的话语也就频频见诸各种汉语文献。[①] 这一时期主要由流亡海外的梁启超等人作为法治话语的传播主体，通过《清议报》《新民丛报》《民报》和《江苏》等传播媒介，有力地推动了"法治"话语的思考和倡导，因此这一时期成为法治话语在清末形成的关键时期。

3. "立宪"时期"法治"话语的流布阶段

1903 年日俄战争中俄国战败。吴经熊在分析俄国战败的原因时指出："世界舆论，均以为这是立宪与不立宪的胜负。及日本因行立宪而胜，俄国因不立宪而败。中国的人士有感于此，所以立宪的议论，也盛兴于此时。[②] 1904 年 8 月 21 日，《时报》有一篇文章在对"人治国"与"法治国"的比较中认为："人治国，其流弊为专制。法治国，其结果为立宪。"[③] 自 1905 年 7 月清政府派五大臣出洋考察宪政、法制开始，清末的"新政"历史进入了"立宪"时期。所谓"立宪"，包括下诏"预备立宪"、设立宪政编查馆（初为考察政治馆）、改革官制、定期实施宪政和颁布宪法大纲等。"立宪"之举，比先前的"变法"更根本地深入到政治、政制等深层的政治、法律问题，也更加突出了对"法治"或

---

① 参见范忠信、陈景良主编，中南财经政法大学法律史研究所编：《中西法律传统》（第二卷），中国政法大学出版社，2002 年，第 256 页。

② 同时，江苏新党名士张謇致书于袁世凯，要他去主张立宪。中国驻法公使孙宝琦也曾以立宪向政府奏请。少数疆吏如江督周馥、鄂督张之洞、粤督岑春煊等，亦先后以立宪为言。人民乘之请求立宪之声，随在应和，几于全国一致。当时的人都相信"立宪"是强国的不二法门。参见吴经熊：《法律哲学研究》，清华大学出版社，2005 年，第 143 页。

③ 《地方自治论》，《东方杂志》1904 年第一卷第九号。转引自范忠信、陈景良主编，中南财经政法大学法律史研究所编：《中西法律传统》（第二卷），中国政法大学出版社，2002 年，第 260 页。

"法治国"的诉求。① 因此，法治和立宪之间存在着十分紧密的联系，甚至有人认为"立宪"就等于"法治"，并且这种将"法治"与"立宪"对等互释的诠释传统一直延续至中华民国。

（二）民国时期法治话语的传播

民国时期的法治话语是对清末法治话语的继承。② 民国初年，革命党人和各界人士提出了他们对宪法和法治的理解，并提出了他们对于实现法治的构想。在南京国民政府时期，学人对宪法和法治的讨论仍然没有停息。

民国初年，法治话语的传播体现在革命党人和各界人士对法治和宪法问题的讨论与关注上。中华民国建立以后，革命党人和各界人士纷纷强调，这个新建立的国家应是一个尊崇法律、依法行事的法治国家。依法治国的言论发于多种场合，载于各种报刊。各界人士还对制定宪法问题给予了极大的关注，对宪法内容进行了热烈的讨论。③ 因此，民国初年的法治话语依然是清末法治话语的延续，并且通过革命党人和社会各界人士进行了进一步的

---

① 参见范忠信、陈景良主编，中南财经政法大学法律史研究所编：《中西法律传统》（第二卷），中国政法大学出版社，2002 年，第 261~262 页。

② 张玉国认为，如果从法理史学角度考察，近代真正意义上的"法治"一词的大量使用发端、奠基于民国时期。在早期的民国法律人，如林长民、梁启超、夏勤、吴经熊、居正、蔡枢衡等人的法律实践与著述中，早就广泛运用"法治"一词，形成了具有近现代意义的法治思想。参见张玉国：《民国时期的法治思想览要——兼论吴经熊的法治思想》，《朝阳法律评论》，2011 年第 1 期。

③ 孙中山、黄兴、王宠惠、宋教仁、徐血儿、邵力子等革命党人和梁启超、熊希龄、伍廷芳、李进、张东荪等社会各界人士均认为，制定宪法和法律，建设法治国家是确立并巩固中华民国民主制度的重要保障，立法建制是民国政府的当务之急。参见李学智：《民国初年的法治思潮》，《近代史研究》，2001 年第 4 期。

传播。

南京国民政府时期，学人对法治与宪法的讨论仍然没有停息。吴经熊认为，制宪的意义之一在于确立法治基础。他说："构成法治国的第一个要素，就是宪法的颁布。中国自从辛亥鼎革到现在，已经有二十五年的历史，还未走入法治的轨途。其第一个原因，就是没有一个正式的宪法，去限制统治者的行为，保障人民的自由权利。"① 吴经熊认为，清末新政失败的原因在于没有立宪。他认为，清末新政"仍不外对于武备、财源、教育等事，谋为改革而已。至于国家政治之改革，则仍属敷衍。立宪一层，尚无只字道及"②。此外，吴经熊认为，宪政的施行需要执政者具备行宪的诚意、守法的精神，国民须要认识宪法，须参加政治、督促政府，须有护宪的力量，这两方面的条件同时具备，将来的行宪才能够成功。③ 另外，蔡枢衡在1941年12月27日的《三民主义周刊》中写道："实施宪政只是实施法治……法治是可能的，并且是必要的。法治是历史发展的必在结果，也是国民革命的方法。唯有法治才是今日中国政治的出路，也只有希望法治才是国民对于明日中国政治应有的合法则的态度。"④因此，法治和宪法问题仍然是人们关注的主要问题。

总而言之，对宪法和法治的关注一直贯穿了整个民国时期。无论是革命党人还是社会各界人士，对宪法和法治的问题都极为关注，有力地促进了法治话语的传播和法治进程的推进，而南京

---

① 吴经熊：《法律哲学研究》，清华大学出版社，2005年，第160页。
② 同上，第142页。
③ 参见吴经熊：《法律哲学研究》，清华大学出版社，2005年，第167~170页。
④ 转引自蔡枢衡：《中国法理自觉的发展》，清华大学出版社，2005年，第117页。

国民政府时期形成的以"六法全书"为主体的法律体系从形式上
看则是这一时期法治思想的集中体现。

（三）新中国成立后"法治"话语的演进

1949年2月，中共中央颁布了《中共中央关于废除国民党的
六法全书与确定解放区的司法原则的指示》。该指示第五条明确
规定："在无产阶级领导的以工农联盟为主体的人民民主专政政
权下，国民党的六法全书应该废除。人民的司法工作，不能再以
国民党的六法全书为依据，而应该以人民的新的法律作为依据。
在人民新的法律还没有系统地发布以前，应该以共产党政策以及
人民政府与人民解放军所已发布的各种纲领、法律、条例、决议
作依据。"因此，新中国成立初期在废除国民党旧法统的基础上，
党和国家的政策、纲领、法律、条例和决议必然成为法治话语的
主要来源和法制建设的基本原则。

新中国成立初期，法治话语传播的主要目的是维护新生政权。
在法制羸弱的基础之上，苏联的法学概念和体系成为我国法学重
建的基础。新中国成立后，我国在几十年中对西方法治持完全批
判态度，使得我国在法学理论的学习来源上仅有苏联等东欧国家，
这不仅使得苏联的整套法学模式和理论在形式上被我们接受，其
阶级斗争等的精神实质也被我们全盘接受。比如，"社会主义法
是无产阶级政策的工具""法的核心是党的指示"等极端人治思
想在党内被普遍接受。再如，纯粹工具论的法功能观和片面强调
阶级意志论的法本质观使得法律至上的观念遭到无情的排挤，法

律的社会属性始终难以被认可和接受。① 在人治论、工具论、政策论和阶级意志论思想的指导下，新中国成立后我国的法治建设仍然在一种非正常的法制环境中进行。② 这种革命法治话语一直延续至"文革"结束，在"文革"期间，法制建设遭到严重破坏，西方法治话语的传播也遭到严重的限制。

改革开放之后，随着在经济、科技等形而下方面向西方学习，思想、制度等形而上方面也难免受到西方的影响。此时，西方法治话语开始重新在中国传播。而且由于国际交流的日益便利，西方法学著述以前所未有的速度进入中国，译著、译文等增速十分显著。中国人开始接触各种各样的西方法治话语。至此，如何客观审视西方法治话语在中国的传播，成为我们不得不直面的事情。

三、想象与辨识

就当前而言，我们站在历史巨人的肩头，在受自清末以来"西方法治话语"百余年传播影响的基础上，重新认识"西方法治话语"，可以思考我们在碎片化的西方法治知识中究竟学到了什么。摆在我们面前的似乎只有一个个的西方法治话语碎片，或者一段段的西方法治话语论述，并没有形成固定统一的西方法治

---

① 参见曾代伟主编：《中国法制史》（第二版），法律出版社，2012 年，第 358 页。
② 有学者认为，1954 年宪法的制定具有重要的历史意义。一方面，它所确立的各项治国安邦的制度和原则，奠定了新中国社会主义宪政的基础；另一方面，它在事实上将"法治"等重新肯定为人类法治文明的精华……然而令人遗憾的是，1954 年宪法所开创的中国法制建设的大好局面，由于1957 年的"反右派斗争"、1958 年开始的"大跃进"和1966 年爆发的"文化大革命"而再次遭受严重挫折。参见何勤华：《新中国法治话语的变迁》，《人民法治》，2015 第 1 期。

定义和判断。

西方国家在向我们介绍其法治时，常常忽略了其"法治"在不同历史时期、不同国家的具体实践模式，而将其想象化地设定为一个固定的形态，想象出一套完整的西方法治话语，并作为西方法治的"普世化"版本。在这个"普世化"的法治版本中，法治国家被认为由一些"法治"以及与"法治"相关联的要素共同构成，比如法条主义、宪政、民主、人权等。

从价值的意义上看，法条主义主张的是制定的法律要普遍、公开、明确，具有形式上的完整性，而且法官、行政官员等在使用规则时，要严格按照既有的法律或者先例行事；宪政主张的是要对公权力，尤其是行政权力进行严格限制；民主主张的是国家共同体的权力属于人民，或者说人民是国家的主人；人权主张的是法治国家要保障公民的各项权利，如此等等。如果单纯这样看待每一个要素，将其视为价值化的"大词"，我们或许觉得这每一个要素都很有道理，都应该被倡导。"西方某些法治理论所描绘的法治状态已成为很多人对于法治社会的基本想象，从而也成为人们向往或追求的一种社会理想。"[①]

然而从西方法律思想史上看，这一想象出来的"法治"，其背后深层次在的含义是西方启蒙时代以来对特定法治模式的界说。在这一时期，伴随着文艺复兴对"人之为人"的推崇，在古典自然法、社会契约理论、理性主义等一系列思想积淀下，以英国等为代表的欧美国家基于自己当时的情况，完成了国家建构（state-building）的任务，形成了自身的法治理论和法治模式，尤

---

① 顾培东：《当代中国法治话语体系的构建》，《法学研究》，2012 年第 3 期。

其是自由主义，是这一"法治"最重要的理论支援。"自由主义法律哲学一个至关重要的要素就是这样的原则：每一个社会都应该依据法治运作。"① 也难怪，有学者如此直言："理论家们往往将自由主义、自由放任资本主义以及法治捆绑在一起一揽子地放进同一包裹之中，它们要么全有要么全无。"② 这种自由主义法治话语形成了一种想象意义上的思想动员，为那些西方国家强化自身统治提供了理论上的正当性支撑。

但是可以推断的是，这一依据自由主义建构起来的法治想象，在理论和实践上都会受到巨大挑战。一方面，在理论上，随着自由主义由兴转衰，法律现实主义、批评法学、经济分析法学等一系列关于法治的反思性观念，开始逐渐出现对原有法治想象的批评；另一方面，在现实中，对这种法治想象的批判就更加"赤裸裸"了。比如，法条主义在大陆法系表现为遵循法条，而在英美法系则表现为遵循先例，再比如民主在不同国家分别表现为代议制民主、直接民主等，还比如人权保障在不同国家的保障范围、保障重点也均有不同。"就实质而言，自由主义法治理论不过是思想家和理论家们向人们作出的永远无法兑现的理想承诺。"③

在历史和现实之间，这种法治想象的每一个要素都需要以具体的国情作为支撑，从而在不同国家、不同历史时期表现出不同的具体实践模式。因此，当西方国家在明知这种法治想象在西方

---

① ［美］安德鲁·奥尔特曼：《批判法学——一个自由主义的批评》，信春鹰、杨晓峰译，中国政法大学出版社，2009 年，第 56 页。

② ［美］布雷恩·Z. 塔玛纳哈：《论法治——历史、政治和理论》，李桂林译，武汉大学出版社，2010 年，第 6 页。

③ 顾培东：《当代中国法治话语体系的构建》，《法学研究》，2012 年第 3 期。

都有巨大理论争议和实践争论的前提下，仍在向我们推介，认为这种法治是绝对"普世的"，是衡量一个国家是否属于法治国家的唯一标准。如果没有具备这些要素，那么这个国家则肯定不属于法治国家，甚至是反法治的。这种论调，就不得不让人怀疑是否掺杂了意识形态的歧视。遗憾的是，我们国家也有相当一部分学者自觉不自觉地接受了这一知识上的判断，忽略了这一知识判断可能被夹杂在国家间意识形态交锋之中的危险，不断发出"中国还不是法治国家""中国得搞西方那样的法治"等声音。

也许西方法学家昂格尔的反思值得我们特别关注，他说："真正的法治的概念也许建立在一种误解之上，它同时也是一种神秘的东西。它把占统治地位的理论以及该理论代表的精神状态与对法律在社会中实际位置的精确描述混淆在一起。"①

四、重新建构自己的法治话语

西方法治话语从来就不存在完全"普世"的标准版本。无论哪个历史时期、哪个国家的西方法治话语，都不能绝对圆满地描绘出一个具有"普世"意义的法治图景。重新建构自己的法治话语，需要在自己的法治进程中，坚持实践法治的话语立场，探索适合自己的话语体系。

---

① ［美］昂格尔：《现代社会中的法律》，吴玉章、周汉华译，中国政法大学出版社，1994年，第50页。

（一）明晰话语背后的法治进程

法治话语从本质上来说是一种"地方知识，而非不受地方局限的通则"①。这种地方性知识，直接取决于当前国家共同体所处的法治进程，与国家治理的基本使命和基本处境有关。对于中国而言，当前正处于国家治理体系和治理能力从传统向现代转型的过程之中，法治进程也同样如此，正在向现代迈进。

处境一：不可逆转的全球文化交流时代。当前的时代是全球化的时代。全球化时代的重要表征就是文化的交流。不容置疑的是，相比西方国家的法治进程，在其法治实践先行、法治理论先存的既有前景下，我国法治进程仍处于初创阶段，在法治理论、法治知识、法治文化等各方面仍相对落后。借鉴西方法治进程中的有益经验，汲取教训，是十分必要的。同时必须明确的是，借鉴绝非照搬照抄。

处境二：大国实际而非小国国情。中国是一个大国，具有广袤的国土、复杂的地理、多元的文化、多样的民族以及众多的人口。这与西方国家基于一元化现代民族国家历史，针对地理资源小国特点开展的法治治理，有很大不同。在中国，有着西方无法想象的复杂实际，这在想象出的西方法治模板中根本找不到答案。

处境三：中华民族伟大复兴的政治意识。法治话语表征着国

---

① ［美］克利福德·格尔茨：《地方知识——阐释人类学论文集》，杨德睿译，商务印书馆，2016年，第253页。

家共同体的政治意识。对于中国而言，"这个政治意识就是晚清以来的国家主义或者民族主义，就是如何建立一个强大的国家，如何让中华民族在政治上真正站立起来"①。换言之，当前中国的法治努力，是为了实现中华民族伟大复兴的中国梦。这一点，与西方国家有本质不同。

不同处境中的中西法治实践，决定了不同的法治话语进路，绝不可盲目地用一种简单丈量另一种。"人们观念中的西方法治模式实际上是一种理想化的假想……用这样一种假想的模式评价乃至指导我们的实践，不仅不能客观地认识我国法治的现实，还可能导致实践中的重大偏误。"② 对于中国，要坚持实践法治的话语立场，少用价值化的"大词"，针对具体的法治问题，建构"对中国有用"的法治话语。

（二）探索适合自己的法治话语进路

探索适合自己的法治话语进路，主要是架构"1+N"的话语模式。所谓"1"，是坚持用社会主义法治理念作指导；所谓"N"，是法治话语需要具备的适合中国国情的基本原则。

社会主义法治理念包括依法治国、执法为民、公平正义、服务大局、党的领导五个方面。探索自己的法治话语，需要将社会主义法治理念真正普及下去，从领导干部的"关键少数"做起，推动广大社会民众对其真正理解和认同。

---

① 强世功：《法制与治理——国家转型中的法律》，中国政法大学出版社，2003 年，自序第 19 页。
② 顾培东：《中国法治的自主型进路》，《法学研究》，2010 年第 1 期。

另外，法治话语还需要具备适合本国国情的一些基本原则：法律之治、人民主体、有限政府、权利保障、程序正义等。这些都是中国当前法治建设亟须尽快实现的，更是中国法治话语需要着力蕴含的。

所谓法律之治，是现代法治的基础和关键。"法治而非人治"，体现了法律至上的理念。法律至上，顾名思义是指在国家治理和社会生活中，宪法法律具有至上的效力和权威：任何权力都要在宪法法律的框架内行使，任何组织或者个人都必须遵守宪法法律，宪法法律是纠纷解决的最后底线。与迷信崇拜权力或克里斯玛型人物的人治精神不同，法治精神推崇宪法法律至上，与现代社会的市场经济、政治民主、价值多元等相配合。

所谓人民主体，是现代法治的重要组成部分。在现代政治场域中，如果脱离民主谈法治，是不可能。依法治国的"国"首先应当是人民当家做主的国，由民主制度作为支撑。不论这个国家采取的是代议制，还是直接民主，抑或是其他，都需要切实的民主制度来建构这一现代国家，从而在此基础上开展法律治理。

所谓有限政府，是现代法治的题中应有之义。在权力配置的意义上，公权力可以大致分为立法权、行政执法权和司法权等，国家机关也分为立法机关、行政机关和司法机关等。依据宪法法律规定，不同国家机关具有不同的权力行使范围。一种权力不能越界到其他权力领域，更不能越界到社会自治领域。尤其是行政权，相比其他权力更具扩张性，需要着重规制，这才是有限政府的精神。

所谓权利保障，是指现代法治国家需要"一个以市场为中心的平等、自由和协商的社会领域"。现代法治，一方面要求限制公权力，另一方面要求保障社会领域中的公民权利。法治不是空洞的道德说教，归根到底是要以人民的权利保障为目的。在法治国家的建构中，是否能够保障公民权利，保障公民权利的程度如何，是衡量法治建设成效的核心指标。

所谓程序正义，是在法治的语境里，程序主要体现为按照一定的顺序、方式和步骤来作出法律决定的过程。[①] 在应然的状态下，法律程序的设置往往是为了更好地听取争议各方的意见，进而在此基础上尽可能地作出让当事人理解或认同的裁判结果。在这样的程序设置中，处于平等地位的个体可以按照要求参与讨论，通过充分、平等地意见交流，从而使更多人的意见得以表达，进而使最终决策尽量符合更多人的利益诉求，得到尽可能多的人的支持。在这个过程中，每个人都有自主选择的权利，同时也必须为自己的选择而负责。因此，程序中立在立法、行政、司法中都有十分重要的体现，甚至可以说，其体现了法治与人治之间的基本区别。

---

① 参见季卫东：《法律程序的意义——对中国法制建设的另一种思考》，《中国社会科学》，1993 年第 1 期。

第七讲

如何认识"司法独立"话语的中西异同，有力推动中国特色社会主义法治建设？

"司法独立"是现代法治的一项重要内容。在理论之外，它还具有很强的制度实践特征。在不同的语境中，"司法独立"会呈现出不同的理论指向和制度设计。在西方，"司法独立"（judicial independence）源于对王权的抗争，有着符合西方政体结构、历史传统和社会文化的制度根源；在中国，"司法独立"以"独立行使审判权"和"独立行使检察权"的表述出现，与"一切权力属于人民"的政治制度紧密相关。当前，面对全面推进依法治国的历史任务，明辨"司法独立"在中西语境中话语源流与实践运用的异同具有重大的意义。

一、西方语境中的"司法独立"

以英、美为代表的西方国家在制度理念方面创造了许多"流行"话语，"司法独立"就是其中典型的一个。在特定的思想语境和制度语境中，"司法独立"话语兴起并经过了数百年的流变，形成了符合西方实际的具体理念和配套制度。

（一）"司法独立"的缘起

从世界范围来看，英国是世界上最早确立"司法独立"的国家。这个确立过程与普通法的传统有关，背后体现的是外在阶层对王权的抗争。

　　1066 年诺曼征服之后，英国的王权一度十分强大，表现在司法领域就是王室在司法管辖权上的巨大优势。在诺曼时期，英国并没有专门的司法机关，国王主要靠一个立法、行政、司法、咨询等多种职能合一的机构——御前会议来审理较重大的案件。随着案件的增多，御前会议逐渐分化出一些职能部门，分类负责一些案件，其中比较重要的是财税法庭（Court of Exchequer）、皇家民事法庭（Court of Common Pleas）以及派往各地的巡回法庭。与御前会议一样，这些分离出来的机构也是综合性的，司法与行政等职能并不分离。① 这样综合性的管理机构，既是司法的，也是行政的，甚至还是立法的。

　　可以看到，英国王室一开始是依靠这种综合性的部门来管理国家的。然而外在阶层的存在使得王室独揽大权的愿望无法实现。首先，是教会依然有相当大的影响力，贝克特与亨利二世的争斗就充分体现了其对王室的强大制约作用；其次，"分封建制"的权力结构使得分封各地的贵族对全国最大的领主（国王）形成牵制，客观上也为分权提供了可能；最后，更重要的是，普通法传统中的"遵循先例"原则催生了法律职业团体，为实现司法机关的独立提供了必要的人力资源。这三个方面的因素，带动了承担司法职能的综合性部门的继续分化，直至专事司法的普通法法院的出现。这标志着对王权抗争达到了一个高潮，也标志着司法权的独立性越来越明晰。

　　真正确立"司法独立"的制度体现在 1688 年《权利法案》

---

　　① 参见李红海：《普通法的历史解读——从梅特兰开始》，清华大学出版社，2003 年，第120 页。

和 1701 年《王位继承法》的颁布。前者正式废除了国王任意干涉司法的法律赦免权和中止权，后者则对法官的终身制和薪俸作了相关规定。值得注意的是，这样的"司法独立"仅仅适用于英国本土。在北美地区，国王仍然拥有干涉司法的权力。很有力的一个证据就是，美国独立战争一个很重要的因素是英王恣意地干涉司法从而损害了北美地区民众财产和自由。① 这直接促成了美国国父们在设计本国政体架构时很注意司法的独立性，尤其是汉密尔顿对"司法独立"作出了极为明确精到的论述，从人事与薪资等方面推进了法官独立。②

这一时期，很多思想家为"司法独立"提供了重要的理论支援。英国思想家洛克在《政府论》中提出国家权力分为立法权、行政权和外交权，虽然没有明确地凸显司法权，但却暗含着分权的思想。在他看来，分权的实质就在于保障民众的权利和限制权力的恣意。③ 之后，法国思想家孟德斯鸠系统地提出了"三权分立"的思想，将国家权力分为立法权、行政权和司法权，提出三权应当分立，任何两种或者三种权力的结合都意味着专制暴政的到来和民众权利自由的丧失。④ 这些分权理念的提出，最终为"司法独立"话语的形成与传播奠定了坚实的思想基础。

---

① 参见廖海：《美国司法独立争论的历史考察》，《法律科学》，1999 年第 1 期。

② 参见［美］汉密尔顿、杰伊、麦迪逊：《联邦党人文集》，程逢如、在汉、舒逊译，商务印书馆，1995 年，第 390~396 页。

③ 参见［英］约翰·洛克：《政府论》，杨思派译，中国社会科学出版社，2009 年，第236~238 页。

④ 参见［法］孟德斯鸠：《论法的精神》（上册），张雁深译，商务印书馆，1997 年，第156 页。

（二）"司法独立"的西方特质

事实上，在"司法独立"的具体制度设计上，"西方"并不是一个完全合一的主体。以英国、法国为代表的西欧诸国，虽然接受了权力分立理念，但是在"人民主权"的影响下，大部分仍然坚持"议会至上"的原则，在"司法独立"上并不绝对。而美国则在权力分立方面更加彻底，坚定地贯彻了三权分立理念，在"司法独立"上走向了极致。① 尽管如此，我们在观察西方不同国家的"司法独立"话语时，仍然能够找到一些共同特质。

第一，司法权的独立。尽管西方国家，有的坚持议会至上，有的坚持三权分立，但是从根本的权力配置上说，司法独立根源于权力分立理论，即司法权与立法权、行政权相分离，实际上就是司法权独立于立法权和行政权，这两种权力不能干预司法。这是基于人性恶的考量，其认为国家权力可以分为几个部分，只有这样才能避免专断和侵犯公民的权利，而司法独立正是在这种政治制度下的一种必然表现。② 比较典型的是，美国《联邦宪法》第三条第一款明确规定："合众国之司法权发生属于最高法院及国会随时设置之下级法院。"这一规定明确将国家司法权赋予国家司法机关，其他任何机关不具有司法权。

第二，司法机关的独立。在西方国家，司法机关一般专指法院，司法机关的独立意味着法院的独立。法院的独立主要是：对

---

① 参见王英津、刘海滨：《司法独立的由来及其在我国的实现》，《学术探索》，2005 年第 2 期。

② 参见支振锋：《司法独立的制度实践：经验考察与理论再思》，《法制与社会发展》，2013 年第 5 期。

外，法院作为一个整体独立于其他任何国家机关、团体以及个人；对内，上下级法院之间保持独立，互相不受干涉。比如，德国的法院分为普通法院、行政法院和宪法法院，各自受理的事项不同，相互独立。法国的法院存在司法法院和行政法院两套组织体系，它们相互分立，其司法法院又分为三级——初审法院、上诉法院和最高法院，相互之间也相互分立。

第三，司法人员的独立。司法人员的独立主要是法官的独立。在西方国家中，对法官的独立规定比较多，也比较细致：法官的独立办案约束、严格的法官任用制、法官的终身制、法官的高薪制、法官的豁免权，等等。比如，在英国，法官独立审判，只服从法律；法官在任职期间的报酬和其他职务条件受到法律保障，任何机关不得对其作出不利的变更。又如，在法国，法官选任采用十分严格的任命制，最高法院法官和上诉法院院长由最高司法委员会提出任命的建议案，由总统任命，其他法官则由司法部长直接任命。再如，法国的法官终身任职，要想对法官进行免职、撤换或者是强令退休，必须要有可对其进行弹劾的罪状并要经过法定的程序。法官待遇比照文官，但实际上要稍高于同级别的文官，法官任职期间不得减少薪金，达到一定年龄可以退休并享受全薪待遇。这些对法官保障的制度设计，相当于为法官设立了一道"隔离墙"，保证其能够尽可能独立地办理各种案件，不受干扰。

二、"司法独立"在中国

在迈向现代法治的道路上，中国是个后来者和追赶者。在

"司法独立"方面，中国一边兼顾着既有的司法传统和社会现实，另一边始终在不断学习其他国家的已有经验。

（一）清末和民国时期"司法独立"的移植与排异

"司法独立"在中国首次出现，就是直接移植西方司法制度的结果。第一次鸦片战争以后，官方或者知识界开始对纯粹西方的"器物"和"制度"被动地重视。作为"制度"的重要方面，三权分立及其衍生出的"司法独立"开始进入中国人的视野。首先接触它的是一些具有留洋经历的人。黄遵宪在其《日本国志》一书中就主张"奉主权以保民智，分官权以保民生"，认为"惟分其权于举国之臣民，君主垂拱仰成，乃可为万世不坠之业"。这里，虽然没有明确地提出司法独立，但已经将分权理论介绍到了中国，这在一定程度上是司法独立思想的萌芽。维新变法时期，康有为建议要在君主立宪制的前提下实行三权分立，谋求"司法独立"。[①] 在随后的清末预备立宪中，依据三权分立推行"司法独立"得到沈家本、黄瑞麟、吴钫等很多官吏的推崇。然而在君主专制不改变的情况下，清末的司法独立实质上是"联想型"的。这种"联想型"的主要表现就是改革者一味地要完全照搬西方的司法独立制度设计，但却没有真正地估计到中国的社会现实，最终司法改革的结果只能是徒具外形而实质未变。[②]

进入民国时期，《中华民国临时约法》对司法独立有明确的

---

① 参见郭志祥：《清末和民国时期的司法独立研究》（上），《环球法律评论》，2002年春季号。
② 参见韩秀桃：《近代中国对司法独立的价值追求与现实依归》，《中国法学》，2003年第4期。

规定。第五十一条规定："法官独立审判，不受上级官厅之干涉"；第五十二条规定："法官在任中不得减俸或转职，非依法律受刑罚宣告，或应免职之惩戒处分，不得解职。惩戒条规，以法律定之"。北洋政府时期，"司法独立"在书面上延续了既有的规定，呈现出一种"形式上"的独立。然而到了南京国民政府时期，尽管有如吴经熊、张知本、傅秉常等法学家强调"司法独立"的重要意义，但在司法实践中"司法党化"大行其道，用党义来补充法律漏洞、用党义来解释抽象的法律，甚至可以用党义来宣布法律的无效等干预"司法独立"的情况开始出现，连"形式上"的司法独立都不复存在了。① 总的来看，民国时期"司法独立"的现实与清末基本一致，都遇到了直接移植西方制度设计的强烈排异难题。西方"司法独立"的理想遇到中国司法传统与社会现实时，各种艰险和障碍层出不穷。"变法革新"打破了旧有的政治制度框架，但新的政治秩序并没有良性形成。

(二) 中国的"独立行使审判权"和"独立行使检察权"

尽管认同司法机关独立行使职权，但是中国共产党从来没有在法律文本中使用过"司法独立"的话语。这一传统可以追溯到新中国成立前的革命根据地时期。例如，1939 年 1 月颁布的《陕甘宁边区高等法院组织条例》规定："边区高等法院独立行使司

---

① 参见韩秀桃：《民国元年的司法论争及其启示——以审理姚荣泽案件为个案》，《法学家》，2003 年第 2 期。

法权。"1946 年 4 月通过的《陕甘宁边区宪法原则》规定："各级司法机关独立行使职权，除服从法律外，不受任何干涉。"

新中国成立后，1954 年《中华人民共和国宪法》第七十八条规定："人民法院独立进行审判，只服从法律。"第八十三条规定："地方各级人民检察院独立行使职权，不受地方国家机关的干涉。"1982 年《中华人民共和国宪法》作了部分补充，第一百二十六条规定："人民法院依照法律规定独立行使审判权，不受行政机关、社会团体和个人的干涉。"第一百三十一条规定："人民检察院依照法律规定独立行使检察权，不受行政机关、社会团体和个人的干涉。"法院、检察院依法独立行使职权，重新确定为我国的一项宪法原则。1983 年修订后的《中华人民共和国人民法院组织法》和颁布的三大诉讼法，都作出了与 1982 年《中华人民共和国宪法》上述规定相同的规定。在中国的语境中，"司法独立"的理念是通过"独立行使审判权"和"独立行使检察权"来表述的。

（三）中西语境中"司法独立"的异同

在中国和西方的语境中，"司法独立"作为一种与司法实践联系密切的政治话语，其在思想内涵上有同有异。**相同点主要在于：两者都在宪法中规定司法权专属于特定的司法机关，其他任何机关和个人不具有司法权。**在中国，司法权属于检察院和法院；在西方，司法权属于法院。另外，两者均注重对个案处理独立性的保护，均强调司法机关只服从法律，不受法律以外的行政机关、舆论等的影响。但总的来看，这些主要是司法程序中技术意义上的相同点。

相比而言，两种语境中的"司法独立"的不同点则是根本性的。由于中西政体结构差异，两者的设立依据、独立主体、独立范围都存在本质不同。

首先，在设立依据方面。我国是社会主义国家，国家的一切权力都属于人民，并由人民代表大会及其常务委员会行使。司法机关由立法机关产生并对其负责，在实质的权力关系上两者不是平等制衡的分权关系。另外，司法机关和其他国家机关一样，要接受中国共产党的领导，这是题中应有之义。西方国家的国家权力可以分为立法权、行政权和司法权，这三种权力相互制衡、相互分立。虽然在不同国家，三种权力的位阶有所差异，但司法独立都是基于权力分立的理论予以划分的。

其次，在独立主体方面。我国的"司法独立"指的是人民法院、人民检察院独立，而不是法官、检察官个人的独立。上下级法院之间的关系是指导与被指导的关系，上下级检察院之间的关系是领导与被领导的关系。而在西方国家，其司法独立实质上是法官个人的独立。

最后，在独立范围方面。我国是法院、检察院独立于行政机关，行政机关不得干涉司法审查。虽然法院可以撤销违法的行政行为，但却没有权力宣布违宪的立法行为无效，因为在我国，法院不具备对立法的司法审查职能。而西方国家的法院很多都具有立法的司法审查职能。

三、基于世界范围内司法运行实况的反思

通过上述分析我们可以发现，似乎西方语境中的"司法独立"在独立程度上要强于我国。这种事实很容易让普通民众认为我们的司法制度似乎远远落后于西方国家。由此，呼吁从根本上改变我们的政体结构，学习西方权力分立体制，比照西方建立"司法独立"制度，成为一些学者开出的"药方"。然而这样的"药方"真的有效吗？在世界范围内，一些关于司法运行的实况给我们提供了答案。

20世纪六七十年代，拉美地区在国际援助下通过"法律与发展运动"进行司法改革；20世纪90年代的俄罗斯在"华盛顿共识"的激励下，试图为推进市场经济转型而进行了司法改革；亚太地区近年来开展了"法治复兴"的运动，其中司法改革成为促进人权保护、实现善治和减少贫困的重要手段。[①] 这些司法改革计划几乎都照搬了西方的权力分立体制，大大强化了"司法独立"的力度。然而改革后的司法运行的效果怎么样呢？

事实上，很多国家虽然已经比照西方建立起了"司法独立"制度，但实际上的运作并不理想。根据世界经济论坛发布的《全球竞争力报告（2012—2013）》对司法独立和司法效率的排名，印度司法独立为第45名，司法效率为第59名（简称为"45/59"，下同），俄罗斯为122/124，波兰为50/111，匈牙利为72/

---

① 参见支振锋：《司法独立的制度实践：经验考察与理论再思》，《法制与社会发展》，2013年第5期。

117，捷克为 75/115，斯洛伐克为 115/140。另外，在国家法治指标方面，在 2011 年国内生产总值前 10 名的大型经济体中，得分最高的巴西为 0.01，最低的俄罗斯仅为 -0.78，印度为 -0.1。而在其他 6 个发达国家中，除意大利得分最低，为 0.41 外，分数最高的为英国的 1.67，日本也有 1.27。而在人口最多的前 20 个国家中，同样是法治指标，2011 年得分最高的依然是老牌发达国家日本，转型国家除巴西的 0.01 和土耳其的 0.08 外，其他统统为负值。①

通过这些数据我们不难发现，**单纯模仿西方建立司法独立制度的国家，尤其是第三世界国家，其司法运行状况很是差强人意。**在司法实践中，司法腐败严重、司法效率低下、诉讼费用过高、案件拖延时间长等都成为常态。相比而言，饱受西方"不民主"责备的新加坡和中国香港，司法独立就做得很好，法治指数都比较高。

"橘生淮南则为橘，生于淮北则为枳。"古人的这句话，可以给我们很大的启示。一项制度的良性运转，需要符合其生存的政体结构、历史传统和社会文化。尽管在西方语境中运行"司法独立"有很多经验值得借鉴，但是中国有其特有的国情。**习近平总书记就曾指出："一个国家实行什么样的司法制度，归根到底是由这个国家的国情决定的。评价一个国家的司法制度，关键看是否符合国情、能否解决本国实际问题。"**因此，我们要积极走中国特色的"独立行使审判权"和"独立行使检察权"之路，绝不能照搬照抄"西方模式"。

---

① 参见支振锋：《司法独立的制度实践：经验考察与理论再思》，《法制与社会发展》，2013年第 5 期。

第八讲

如何理解西方自由话语在中国的传播，从而在文化交流交融交锋中构建中国自由话语？

对自由价值的追求在中国古已有之。胡适曾在题为"中国文化里的自由传统"的演讲中讲道："自由"作为一种理想，"并不是外面来的，不是洋货，是中国古代就有的"[①]。早在春秋战国时期，便有"自得""自任""自适"等词汇，可谓"自由"之先声。譬如《孟子》中便讲道："君子生造之以道，欲其自得之也。"中文"自由"一词最早出现于东汉。赵岐注《孟子》中，将"则吾进退岂不绰绰然有余哉"一句解为"今我居宾师之位进退自由，岂不绰绰然舒缓有余裕乎？"郑玄注《礼·少仪》中，将"请见不请退"理解为"去止不敢自由"。文学作品中也多有对"自由"的向往。比如辛弃疾曾在《鹧鸪天·欲上高楼去避愁》中感慨："浮云出处元无定，得似浮云也自由。"总的来看，"自由"一词在古代典籍中的含义，就是"由自"，也就是"自己做主"，多指人们无拘无束的内心感受和生活状态。

近代以来，西方自由话语进入中国，对晚清及民主革命时期的思想潮流和历史走向产生了很大影响。

一、近代以来西方自由话语在中国的传播

现代意义上的"自由"一词是舶来品，最早由传教士传播开来。19世纪初，英国新教传教士马礼逊（Robert Morrison）编纂了三部汉语字典，这是近代较早的较为详尽的中英文字典。其中，

[①] 《胡适文集》（第12卷），北京大学出版社，1998年，第682页。

"Liberty" 和 "Freedom" 被译为 "自主之理"，这是中文世界对于这两个英文词汇最早的翻译。字典对 "Liberty" 的释义是 "not under the control of any one 自主之理"，例句为 "Liberty or a mild government that gives repose to the people 行宽政乃以民安"；对 "Freedom" 的释义为 "principles of self rule 自主之理"，举例为 "free government, liberal rule 宽政" 和 "freedom of speech 大开言路"。① 字典分别于 1865 年、1875 年、1899 年在华重印，在寓华传教士中影响很大。②

1868 年传教士罗存德（Wilhelm Lobscheid）出版《英华字典》，这是晚清流通最广泛的字典。它对 "Liberty" 的释义是 "freedom from restraint 自主、自由、治己、自操"，其中还特别提到，"Liberty" 的政治语义包括五个方面：其一，"天赋自由"（Natural liberty），译为 "任从心意、任从性而行"；其二，"公民自由"（Civil liberty），译为 "法中任行"；其三，"政治自由"（Political liberty），译为 "国治己之权"；其四，"宗教信仰自由"（Religious liberty），译为 "任意择教、从某教在人"；其五，"出版自由"（Liberty of press），译为 "任意写印"。③ 在信息封闭的时代，中国与西方的交流十分有限，国人了解西方可堪利用的资料也极其有限，字典无疑是最重要的工具。上述字典中对 "自由" 的释义阐发了西方理解 "自由" 这一概念的基本观点，为西

---

① 参见：（1）Morrison，R.，字典（*A Dictionary of the Chinese Language*），London：Kingsbury，Parbury and Allen，1815，1822，1823；（2）Morrison，R.，五车韵府（*A Dictionary of the Chinese Language*），Shanghai（上海）：London Mission Press，1819，1820；（3）Morrison，R.，*A Dictionary of the Chinese Language*，London：Black，Parbury and Allen，1822.

② 参见叶再生：《马礼逊与〈中国语文字典〉》，《新闻出版交流》，2003 年第 3 期。

③ W. Lobscheid，*English and Chinese dictionary*. pt III，Hongkong：the Daily Press，1868.

方自由观在中国的传播奠定了基础。

传教士对自由观念的引介主要以描述西方国家政体的形式呈现。如普鲁士传教士郭士立（Karl Friedrich August Gtzlaff）于 1833—1838 年刊出的《东西洋考每月统记传》中，曾以"自主之理"为题对西方自由观念作了专门介绍。他说，英国人自己认为英国的"国基"就是"自主之理"，即"按例任意而行"：

> 所设之律例千条万绪，皆以彰副宪体，所设之例，必为益众者，易者推民之益而禀，一设则不可改。情不背理，律协乎情。上自国主公侯，下而士民凡众，不论何人，犯之者一齐治罪，不论男女、老幼、尊贵、卑贱，从重究治，稍不宽贷。且按察使有犯，应题参处。倘主势迫胁，擅作威福，良民丧心，既畏暴主，最惮勤劳，恐所利之物强夺也。暴其民甚，则身弑国亡；不甚，则身危国削。但各国操自主之理，百姓勤务本业，百计经营，上不畏，下不仇。自主之人调倪事务，是以此样之国大典，贸易运物甚盛，富庶丰享，文风日旺，其不美哉。欲守此自主之理，大开言路，任言无碍，各语其意，各著其志。至于国政之法度，可以议论慷慨。若官员错了，抑官行苛政，酷于猛虎，明然谏责，致申训诫警，如此露皮漏肉，破衣露体，不可逞志妄行焉。国民若操自主之理，不敢禁神道，而容诸凡各随所见焉。虽攻异端，然不从严究治其徒也。①

---

① 原文为"英民说道，我国基为自主之理"。参见《东西洋考每月统记传》（影印版），中华书局，1997 年，第 3129 页。

这段话从法律面前人人平等、言论自由、宗教宽容、破除专制等方面对西方自由观念进行了全面的介绍。除了英国，后续他还分别介绍了法国、荷兰、西班牙的政治状况。

19 世纪 80 年代，广有影响的《万国公报》刊登了《环游地球略述》《新闻纸论》《佐治刍言》《自由篇》《论美国之前程》《美国法制原理·论法律与自由》《译谭随笔·俄国释放之大风潮》《译谭随笔·论著作自由权之限止》《译谭随笔·释自由》《英国自由兴盛记》等文章，介绍了美欧的公民自由、新闻自由、出版自由、自由经济和自由政体等观念。[1]这些文章在晚清知识分子中产生了广泛影响，其中对西方自由观，特别对于构成政治自由的诸观念有系统阐发，对维新派政治理念的形成有很大影响。[2]

第一次鸦片战争后，出于通商和外交的需要，中西交融的自由话语开始出现在中国人的政治话语中。出使外国的中国官员感受到中外政体的不同，对于西方自由观念有了一定的直观认识，也开始对具有普遍意义的"自由"概念进行思考。1872 年出版了志刚的《初使泰西记》，其中引用 1868 年签订的《中美续增新约》，第五条中有"the mutual advantage of the free migration and emigration of their citizens and subjects respectively from the one country to the other"的表述。他将其译为："两国人民互

---

① 参见林乐知：《续环游地球略述第二十七次·修增政体并图》，《万国公报》，1881 年 6 月 11 日；花之安：《自西徂东·第五十二章新闻纸论》，中华印务总局承刊，1884 年版影印本；傅兰雅：《佐治刍言》，上海书店，2002 年（原作发表于 1885 年）；马林译、李玉书述：《自由篇》，共 21 章，连载于《万国公报》，1900 年 5 月至 1902 年 1 月；林乐知译、范祎述：《论美国之前程》，《万国公报》，1903 年 1 月；林乐知译、范祎述：《美国法制原理·论法律与自由》，《万国公报》，1903 年 1 月；林乐知译、范祎述：《译谭随笔》，《万国公报》，1903 年 4 月、8 月和 12 月；马林译、李玉书述：《英国自由兴盛记》，《万国公报》，1904 年 2 月 11 日。

② 参见周德波：《晚清自由观念的跨文化传播进路》，《国际新闻界》，2015 年第 4 期。

相来往……得以自由，才有利益"，进而出现了"自由"（freedom）和"自主"（independence）这两个词。这是现代意义的"自由"一词第一次出现在中国政治话语中。1877年，黄遵宪出使日本，回国后便讲"近来西学大行，乃有倡美利坚合众国自由之说者"[①]。黄遵宪后来在《日本国志·礼俗志》中，对"自由"一词的内涵进行了阐发："自由者，不为人所拘束之义也。其意谓人各有身，身各自由，为上者不能压抑之、束缚之也。"[②] 不过这一时期出使官员的思想和论述，一开始仅限于对上级的报告和个人记录，在体制之内尚且不受重视甚至遭受批判，于整个社会更难产生影响。[③]

戊戌变法前后，基于"千年未有之变局"和"古今中西之辨"，维新知识分子积极思考中国"往哪里去"这一问题，对西方自由观念的讨论是题中应有之义。康有为、严复、郑观应、梁启超、谭嗣同、黄遵宪等人都对西方自由观念和相应体制进行了介绍。比如向中国介绍西方自由观念的第一人严复，他翻译出版了西方自由主义的经典著作《国富论》（译为《原富》）、《论自由》（译为《群己权界论》）和《论法的精神》（译为《法意》）。他认为西洋各国之所以强大，就是因为他们"以自由为体，以民主为用"[④]。他能够辨析西方自由观念与中国传统文化的同与异。他说："中国理道与西法自由最相似者，曰恕，曰絜矩。然谓之相

---

① 黄遵宪：《日本杂事诗（广注）》，载钟叔河主编：《走向世界丛书》，岳麓书社，1985年，第36页。

② 黄遵宪：《日本国志·礼俗志四》（卷三十七），光绪羊城富文斋木刻本，1890年（原书来源：哈佛燕京图书馆，扫描者：谷歌图书 http://ctext.org），第20页。

③ 参见雷颐：《甲午战争：制度与观念之败——〈日本国志〉出版的幕后故事》，《中国青年报》，2014年7月30日。

④ 王栻主编：《严复集·诗文（上）》（第一册），中华书局，1986年，第23页。

似则可，谓之真同则大不可也。何则？中国恕与絜矩专以侍人及物而言；而西人自由，则于及物之中，而实寓所以存我者。"① 就是说中国传统的"理道"中只说了如何对待他人，却不曾关心个人自由和权利。维新派的相关研究在高级知识分子圈子里广泛传播，对中国后来的思想潮流和历史走向产生了很大的影响。

任何传播总是要借助各种载体，同时需要可接纳的客体。就晚清时期西方自由话语在中国的传播而言，载体主要是西方传教士及他们主导的报刊，后来逐渐有中国人参与其中；而当时的客体则主要是面对西方文明强力冲击、在"中体西用"的总体思维框架之中思考中国前途的开明之士。因此，晚清时期西方自由话语在中国的传播主要是引介，在追求国家"富强"的历史语境中，在"体用之辨"的思想论辩中，成为启发民智、传播西方现代文明观念的核心话语。

二、民国时期中西结合的自由话语

民国时期，救亡与启蒙成为时代主题。② 西学东渐，自由观念在中国迅速传播起来，自由与解放的话语成为主流。无论是李大钊、陈独秀、毛泽东等人代表的社会主义思潮，胡适、傅斯年等人代表的自由主义思潮，梁启超、张君劢和张东荪等人代表的改良的社会民主主义思潮，或是滥觞于全中国的民族主义思潮，都将自由视为救亡图存、改造社会的核心理念。这一时期存在四

① 王栻主编：《严复集·诗文（上）》（第一册），中华书局，1986年，第3页。
② 参见李泽厚：《启蒙与救亡的双重变奏》，《走向未来》，1986年创刊号。

个流派的自由话语，它们都是西方自由话语在中国传播的结果和助力，也是中国自由传统在时代语境中吸收西方自由观念后创造性转化的思想成果。

（一）社会主义的自由话语

以李大钊、陈独秀、毛泽东等人为代表的社会主义思潮，也就是苏俄式的共产主义，试图打破旧社会的一切枷锁，以暴力革命为主要方式，追求民族的自主独立与国民的自由解放。《共产党宣言》中鲜明提出："代替那存在着阶级和阶级对立的资产阶级旧社会的，将是这样一个联合体，在那里，每个人的自由发展是一切人的自由发展的条件。"中国共产党人以马克思主义为指导，将建设一个"自由人的联合体"作为自己的奋斗目标，并以自由话语作为思想武器启蒙和号召国民。社会主义思潮的自由话语有两个重要方向，其中之一就是个人的独立自主。陈独秀在《敬告青年》中呼吁：

> 等一人也，各有自主之权，绝无奴隶他人之权利，亦绝无以奴自处之义务。奴隶云者，古之昏弱对于强暴之横夺，而失其自由权利者之称也。自人权平等之说兴，奴隶之名，非血气所忍。世称近世欧洲历史为"解放历史"……解放云者，脱离夫奴隶之羁绊以完其自主自由之人格之谓也。我有手足，自谋温饱；我有口舌，自陈好恶；我有心思，自崇所信；绝不认他人之越俎，亦不应主我而奴他人；盖自认为独

立自主之人格以上，一切操行，一切权利，一切信仰，唯有听命各自固有之智能，断无盲从隶属他人之理。①

这就是要青年人对自身的价值和责任有充分的自觉，在各种价值中选择"新鲜活泼而适于今世之争存的"。首先便阐述了"自主的而非奴隶的"，其中蕴含了社会主义自由观念"独立自主"的基本内涵。

社会主义的自由观念还有一个重要面向，也是区分于其他自由观念的一个特点，即"反压迫"。其根本就是要通过反对外国资本主义的压迫，从而打破资本对人的奴役。正如李大钊所说："我们想得到真正的自由，极平等的自由，更该实现那'社会主义的制度'，而打倒现在的'资本主义的制度'。"② 1939 年，毛泽东在延安号召人民追求自由和平等。他说："现在，我们中华民族是不自由不平等的，受到帝国主义的束缚和压迫；中国人民是不自由不平等的，受到封建势力的束缚与压迫。因此，我们中华民族，中国人民，就要打碎帝国主义与封建势力的压迫，为争取民族和人民的自由与平等而奋斗。"1941 年，毛泽东将自由话语上升到政治哲学的层面："自由是必然的认识和世界的改造。"③

社会主义思潮所持独立自主、自由平等、反压迫的精神在十月革命的胜利后逐渐成为主流，随着全国各地共产主义小组的迅速发展，中国共产党的成立和新民主主义革命运动的不断推进，持续加速着社会主义自由话语的传播。

---

① 陈独秀：《敬告青年》，《青年杂志》，1915 年 9 月创刊号。
② 《李大钊文集》（下），人民出版社，1984 年，第 672 页。
③ 《毛泽东著作选读》（下册），人民出版社，1986 年，第 485 页。

（二）自由主义的自由话语

胡适与傅斯年等许多英、美留学生，深受英、美新自由主义（New Liberalism）传统的影响。以他们为代表的自由主义思潮，所持的是与古典自由主义不同的渐进改良的社会理想。这是西方自 19 世纪末开始发展起来的，**力图将自由主义与社会主义调和的新自由主义**。这一思潮的自由话语表现出两个突出特点。一个特点就是，在"反传统"的基础上强调独立精神和个性自由。胡适以"文学改良""重估一切价值"为前提，批判传统的贞操观、孝顺观，其实质便是批判传统中国的封建礼教和孔教。在此基础上，胡适指出："社会最大的罪恶莫过于摧折个人的个性，不使他自由发展……易卜生的戏剧中，有一条极显而易见的学说，是说社会与个人互相损害：社会最爱专制，往往用强力摧折个人的个性，压制个人自由独立的精神；等到个人的个性都消灭了，等到自由独立的精神都完了，社会自身也没有生气了，也不会进步了。"同时，他也强调自由是独立与责任的统一："真的个人主义——就是个性主义。他的特征有两种：一是独立思想，不肯把别人的耳朵当耳朵，不肯把别人的眼睛当眼睛，不肯把别人的脑力当自己的脑力；二是个人对于自己思想信仰的结果要负完全责任，不怕权威，不怕监禁杀身，只认得真理，不认得个人的利害。"[1]

自由主义思潮自由话语另一个突出特点是，强调通过社会改良实现社会自由。现代中国的自由主义者到欧美留学的时候，正

---

[1] 《胡适文集》（第 2 卷），北京大学出版社，1998 年，第 486 页。

是资本主义陷入紧张劳资关系的时代。由于贫富差距过大，社会不安定因素增多，英、美国家正在制定多种社会福利政策，也使用更多的干预经济的手段。于是一种新的自由主义思想便从古典自由主义内部产生了。这样的自由主义是调和了古典自由主义和社会主义的自由主义。胡适自己也深知这点，因此将它叫作"自由的社会主义"。他在给徐志摩的信中说："近世的历史指出两个不同的方法：一是苏俄今日的方法，由无产阶级专政，不容有产阶级的存在。一是避免'阶级斗争'的方法，采用三百年来'社会化'的倾向，逐渐扩充成享受自由享受幸福的社会。这方法，我想叫它做'新自由主义'，（New Liberslism）或'自由的社会主义'。"① 这一自由话语经由傅斯年的阐发而具有更加明确的政治指向。他说："我平生的理想国，是社会主义与自由并发达的国土，有社会主义而无自由，我住不下去；有自由而无社会主义，我也不要住。所以我极其希望英、美能做成一个新榜样，即自由与社会主义之融合。"②

（三）社会民主主义的自由话语

社会民主主义思潮在欧洲是马克思主义的右翼，在中国自由主义知识分子中产生了持久的影响。梁启超、张君劢、张东荪，以及后来的罗隆基、储安平、潘光旦、萧乾等人是这一派的代表人物。他们在理论上推崇英国思想家罗素和拉斯基带有社会主义

---

① 耿云志、欧阳哲生编：《胡适书信集（1907—1933）》（上），北京大学出版社，1996年，第386页。

② 欧阳哲生主编：《傅斯年全集》（第四卷），湖南教育出版社，2003年，第299页。

倾向的自由主义思想，在实践上推崇战后英国工党的"社会主义"、东欧国家的"新型民主主义"，或魏玛时期德国社会民主党的改良。**他们主张在资产阶级统治的范围内，在征得统治阶级同意的条件下，实行经济民主和政治民主，争取人民自由、进行和平的社会改造。**他们秉承"个人自由"与"社会公道"两大原则，力图在英美和苏俄两大阵营之间走"第三条道路"。正如张东荪所说："采取既非一味地'师法英美'，也不是简单地'师法苏俄'，而是各取所需，在政治方面比较多采取英美式的自由主义与民主主义，同时在经济方面上比较多采取苏联式的计划经济和社会主义。"[①] 走"英美的政治民主"加上"苏联的经济民主"的道路。

（四）民族主义的自由话语

林毓生曾指出："中国接受西方的思想和价值观念，主要是以中国的民族主义为基础的。"[②]民国时期西方自由话语的传播，其一大助力便是救亡图存、追求民族独立的民族主义思潮。这是五四时期反对帝国主义的精神滥觞的结果。不只是自由观念，五四时期的所有思潮的产生和传播，都有民族主义作为其动力和底色，这一线索贯穿至今。民族主义是理解现代中国革命与建设，乃至整个现代世界发展进程的关键因素。自由话语也在其滋养下传播开来。

---

① 转引自许纪霖：《上半个世纪的自由主义》，《读书》，2000 年第 1 期。

② ［美］林毓生：《中国意识的危机——"五四"时期激烈的反传统主义》，穆善培译，贵州人民出版社，1986 年，第 14 页。

三、改革开放以来西方自由话语的影响

新中国成立后，在很长一段时间内，由于西方国家的孤立封锁和"两大阵营"的对立，西方自由话语在广大人民群众中没有市场。直到党的十一届三中全会召开后，我们在改革开放的实践中越来越深刻地认识到，中国的前途是同世界的前途紧密地联系在一起的，必须大胆吸收和借鉴人类社会创造的一切文明成果。西方自由观念作为西方文明的一个重要成果，其中的有益成分也是中国可以吸收和借鉴的。因此，西方自由话语也逐渐产生了一定的影响力。

20世纪80年代末90年代初正是中国改革开放的关键时刻，也是中国经济、社会转型的关键时刻，市场经济的主体地位逐步建立起来，为使市场这只"看不见的手"真正发挥作用，相应地，也必须对建立在计划经济基础上的国家体制和行政体制进行改革。朝什么方向改革？如何改革？答案是**实践发展与思想理论创新同步展开**。

由于与中国市场化的经济改革方向一致，加之在国际政治经济竞争中取得优势的诉求，自20世纪80年代起，在中国从计划经济到市场经济的转变过程中，我们吸收西方文明成果而形成的自由经济理论发挥了较大的影响力。1992年，邓小平在南方谈话中特别强调："中国要警惕右，但主要是防止'左'……把改革开放说成是引进和发展资本主义，认为和平演变的主要危险来自经济领域，这些就是'左'。我们必须保持清醒的头脑，这样就

不会犯大错误，出现问题也容易纠正和改正。"① 这一表态坚定了社会主义运用市场发展经济的方向，启动了大规模的市场化改革，主张自由经济的知识分子在支持改革开放、融入全球化、发展私营经济、建立市场经济体制、保护私人产权、加入世界贸易组织等问题上适应国家战略和经济发展的迫切需求，产生较大影响。

20 世纪 70 年代西方资本主义国家遭遇了严重的经济危机，发展停滞，通货膨胀，于是一种新的经济发展模式，即"新自由主义"（Neoliberalism）② 逐渐登上世界历史舞台。进入 90 年代中后期，新自由主义在全球范围内占据主导地位，甚至演变成市场原教旨主义的理论和政策话语。新自由主义的经济研究试图证明，国家干预是有成本的，不仅会造成市场失灵，而且会产生寻租行为。由此推论，西方经济危机的罪魁祸首是凯恩斯主义的国家干预。这一逻辑首先得到英、美等以自由主义意识形态为主导的老牌资本主义国家的认可，时任英国首相撒切尔、美国总统里根采纳新自由主义经济理论，将其变为现实政策。随后，在全球经济竞争中，为提高国家在国际经济秩序中的竞争力，欧洲和拉美部分国家放弃社会民主主义，开始向新自由主义转型。20 世纪 90年代，日本和德国经济面临巨大困难，一直流行的日本、德国的"强国家模式"受到挑战，再加上苏联解体后"苏联模式"退出历史舞台，新自由主义成为俄罗斯与东欧国家的唯一的选择。于是"新自由主义模式"在全球取得大规模胜利。

当中国人在 20 世纪 90 年代看向外部，寻求人类文明的思想

---

① 《邓小平文选》（第三卷），人民出版社，1993 年，第 375 页。

② Neoliberalism，也被称为"新古典自由主义"，以区别于 19 世纪末 20 世纪初发展起来的"新自由主义"（New Liberalism）。

资源时，当时目之所及，新自由主义几乎是唯一可供借鉴的成功模式。这导致全社会形成片面追求经济利益的倾向，对于中国经济社会的平衡、持续发展产生了不良影响，也在很大程度上影响了中国人的价值观。

自由观念及其话语的传播和影响除了表现在经济方面，也不可避免地表现于思想领域和政治领域。在"思想解放"的口号下，1984—1989 年的文化大辩论和新启蒙活动举起自由的旗帜，呼唤人的解放和人的价值。虽然全社会最终对于农村改革、发展商品经济、中国走向世界等经济自由的基本主张达成了共识，但思想和政治领域的"清污""反自由化"使知识分子开始反思政治自由的实现方式和路径，以及西方自由观念的局限性。1992 年邓小平南方谈话后，基于对建立市场经济体制的经验总结和反思，西方自由话语中对于政府权力范围、公民权利保障、社会领域发展的讨论逐渐呈现在人们面前。党和政府提出法治政府建设、承认非公有制经济是社会主义市场经济的重要组成部分、保障人权进入宪法修正案、《行政诉讼法》的公布和实施，都可被视为吸纳自由观念的体现，以及对民众寻求经济自由和政治自由的回应。[1]

总的来说，改革开放以来，西方自由观念在中国的传播既有积极作用，也有负面影响。积极作用主要体现在，为我国经济顺利转型提供了思想资源和舆论氛围；而负面影响则体现在，片面强调市场作用，忽视政府提供公共物品的作用，国际关系中的"幼稚病"，导致国民价值混乱和信仰危机等方面。

---

[1]　参见马立诚：《最近四十年中国社会思潮》，东方出版社，2015 年。

四、构建中国自由话语

2014 年 3 月，习近平在联合国教科文组织总部发表演讲时指出：“文明因交流而多彩，文明因互鉴而丰富。文明交流互鉴，是推动人类文明进步和世界和平发展的重要动力。推动文明交流互鉴，需要秉持正确的态度和原则。”任何国家和民族的发展都不可能也不应当是孤立的，必须要从人类文明的丰富成果，包括各个国家的发展经验、各种制度、各个思想理论中汲取智慧。但是同时，在激烈的国际经济、政治及意识形态竞争中，也必须警惕某些国家、某些人对中国的恶意诋毁，或客观上影响国人对本国体制和本国人民的认知的一些主张和观点，予以澄清，并在此基础上构建中国自由话语。

（一）警惕“市场原教旨主义”，强调政府更好发挥作用

具有市场原教旨主义倾向的新自由主义者认为：“私有制是自由的最重要的保障。”[1]就中国而言，受此影响而产生的极端市场派认为：第一，中国所有社会问题存在的根源在于市场化不到位，一旦实现市场化，所有问题皆可迎刃而解；第二，在实际政策层面，不分经济领域和社会领域，提倡所有领域的市场化；第三，只相信效率，不管分配，甚至仇视分配政策。[2] 全盘私有化

---

[1] ［英］弗里德里希·奥古斯特·哈耶克：《通往奴役之路》，王明毅、冯兴元等译，中国社会科学出版社，1997 年，第 101 页。

[2] 参见郑永年：《再塑意识形态》，东方出版社，2016 年，第 66 页。

的主张是对以公有制为主体的社会主义经济制度和社会主义政治制度的"釜底抽薪"，不仅要改变我国基本经济制度，削弱政府对国民经济命脉的控制，还有可能改变我国政治体制、行政架构和社会价值观。而市场原教旨主义的意识形态愈发赤裸地为各种利益说话，进而破坏维系社会秩序的基本的公平正义，对社会价值观造成极大冲击。

回顾世界历史，市场的发现曾为经济发展提供巨大动力，但也带来了大量的社会问题。科学社会主义的创始人马克思曾讲，很多社会问题归之于市场化；自由资本主义的代表人物亚当·斯密在强调"看不见的手"的同时，也特别提醒世人要以道德情操抵御自由市场的冲击。① 同时，在以市场经济为基础的资本主义社会，政府在提供社会保护机制方面发挥主导作用，提供社会保障、医疗、教育、政策、法治等公共产品，为早期自由资本主义向后来福利资本主义的转型提供了必要的支持。

因此，必须反思市场原教旨主义的话语，澄清西方自由观念的基本内涵，不能只强调市场的作用，而忽视国家提供公共产品，完善法律制度和法律结构，以及保护本国民族经济的职能。**必须认识到，自由是社会秩序中的自由。一方面，个人的自由与权利需要得到保障，因此应当限制国家权力，防止国家权力对个人自由的伤害；另一方面，有效的现代国家是市场经济与市民社会的基础，也是民族自主发展的必要保障。**在中国的语境下，揭示国家的积极作用具有重要的理论与实践意义。②市场经济在苏联、东

---

① 参见郑永年：《再塑意识形态》，东方出版社，2016年，第66页。
② 参见李强、庄俊举：《历史地、全面地研究新自由主义（二）——专访北京大学政府管理学院李强教授》，《当代世界与社会主义》，2004年第2期。

欧地区和拉美地区的失败，都与忽视了国家的作用有必然联系。

（二）警惕"抹杀个人论"，确立社会主义的自由观念

处理个体与群体的关系是人类社会秩序的基本问题。相比较而言，自由主义更强调个人的权利、个人的价值、个人的尊严；而社会主义更强调个人的平等权利和整个联合体的共同发展。一些西方自由话语主张，社会主义的集体主义必然导致个人对集体无条件服从，限制和否定自由，进而抹杀个人的创造力、基本权利和自由发展。这是对集体主义的误解，其实质是通过混淆社会主义的个人与集体关系，质疑社会主义的自由观念和自由价值。社会主义的自由观念具有以下四个特点，必须在实践和理论研究中予以澄清：

首先，社会主义的自由是一种集体主义自由。马克思认为："人的本质不是单个人所固有的抽象物，在其现实性上，它是一切社会关系的总和。"[1] 基于这样的人性基础，马克思主义自由理论与西方主流自由理论最明显的不同就是，马克思主义的自由是一种立足于共同体的自由。正如《共产党宣言》所说的，每个人的自由发展是一切人自由发展的条件。**社会主义的自由是个人自由与集体自由的高度有机统一。**

其次，社会主义的自由是不被资本奴役的自由。自由的一个重要内涵就是"不被奴役"。在封建社会，地主阶级通过封建强权对人民群众进行奴役，而在资本主义社会，资本家通过资本对

---

① 《马克思恩格斯选集》（第一卷），人民出版社，2012年，第135页。

人民群众进行奴役，形成物对人的奴役。社会主义制度是真正解放人类，实现人的自由的关键性因素。

再次，社会主义的自由是与经济社会发展水平相联系的客观自由。人的自由状态基于一定的经济社会发展水平，只有社会不断进步，人的自由才能不断展开和丰富。当前，有些人认为，国家应把更多精力放在保障个人经济社会权利之上，为此，宁可将发展的速度降低一些。这一观点实际上是忽视了自由的客观性。必须在长远利益与眼前利益之间求得平衡，把发展作为第一要务，推动社会不断进步，如此才能保障人民自由的不断发展。

最后，社会主义的自由是全面自由。在经济方面，强调发展社会生产力，消灭剥削压迫，消除两极分化，维护每个人的基本经济权益；在政治方面，维护人民在政治生活中的主体地位；在精神文化方面，坚决捍卫人民群众的精神文化权益；在社会秩序方面，保障社会安全和社会和谐，维护法治和社会公平正义。此外，还要特别注意坚决捍卫国家和民族的独立自主。

（三）反驳"历史终结论"，扩大中国社会主义的话语
　　　空间

苏东剧变后，社会主义运动在全球范围内走入低潮。同时，新自由主义方案作为当代西方自由主义意识形态的内核，的确一段时间内在资本主义国家发展中产生积极作用。于是西方自由话语中便充斥了大肆鼓吹"历史终结"和"社会主义意识形态失

败"的论调。① 受此影响，我国意识形态领域内出现了质疑社会主义意识形态的"马克思主义过时论"，宣扬西方的自由民主，呼吁中国要尽早融入西方文明。

然而最近二十多年来，西方自由话语也面临来自多方面的挑战。第一，就西方发达国家而言，经济自由化与全球化带来巨大经济利益的同时，也毫不留情地摧毁了传统社群纽带、传统价值观念、传统美德，以及传统文化认同。西方保守主义理论家和"左"派学者都试图在个人主义之外寻求某种群体或社群的价值，抵制新自由主义对西方文明的侵蚀。第二，在俄罗斯与东欧，新自由主义的改革方案基本宣告失败，西方说客所承诺的改革成果不见踪影，"休克式疗法"摧毁传统的集权主义制度之后，人民并未享受到经济的繁荣、法治、民主与个人自由，反而面临严重的经济停滞、贪污、腐败、混乱与无序。第三，2008 年开始的欧美金融危机和经济危机持续至今，新自由主义的经济发展模式在世界范围内受到重创，国际左翼力量的影响力逐渐提高，放任的自由市场机制愈发受到质疑，要求政府发挥积极作用的声音越来越大，对新自由主义的理论和政策产生巨大冲击。第四，回看中国，自改革开放以来，中国经济出现了持续快速的增长，国家的综合实力也大大增强，国内生产总值已稳居世界第二，对世界政治经济格局都发挥着巨大影响。西方自由主义意识形态下的政治和经济理论对此不能给出令人满意的解释。

因此，对于西方自由话语，我们应避免全盘肯定或否定。一方面，要广泛研究，采众家之长，根据中国的情况具体分析，为

---

① 参见［美］弗兰西斯·福山：《历史的终结》，本书翻译组译，远方出版社，1998 年。

我所用。"虽然任何西方现存的理论模式都不能提供解决中国所有问题的药方，但所有理论都会对我们有所启迪。中国的理论家必须有能力从西方、第三世界以及传统中国的理论中汲取智慧，有能力深入地、实事求是地、而非意识形态化地研究中国自身的问题。"[①]另一方面，对自由价值的追求是共产主义远大理想的题中应有之义，是社会主义核心价值观的重要内容，是科学社会主义在 21 世纪的中国焕发强大生机活力的重要源泉。因此，必须着力构建和巩固主流意识形态，打造融通中外的新概念、新范畴、新表述，讲好中国自由观念，为中国近代以来，特别是改革开放以来的转型经验提供严谨、坚实的理论解释，在这个全球化、网络化的时代，在世界范围内各种思想文化交流交融交锋中扩大自己的话语空间。

---

① 李强、庄俊举:《历史地、全面地研究新自由主义（二）——专访北京大学政府管理学院李强教授》,《当代世界与社会主义》, 2004 年第 2 期。

第九讲

如何认识西方"新闻自由"的实质,防止"新闻自由"在中国的误用与滥用?

英文中的"新闻自由"（Freedom of Press），一般可以翻译为"出版自由""新闻自由""报刊自由"。在新中国成立以后，新闻、出版逐渐分离，因此出现了概念外延的扩张。① 从广义来看，"新闻自由"是言论自由（Freedom of Speech）的外部延伸，其相关词汇包括媒介自由、传播自由、表达自由、思想自由；从狭义来看，"新闻自由"则指的是对新近发生的事实的报道的自由，主要包括自由采访、自由报道、自由出版图书和报刊和自由批评。

笔者在此分析了"新闻自由"话语在中国的使用情况，以此讨论国家、社会和传媒之间的关系。同时，笔者采用的批判性话语分析方法，在更广大的社会和文化的框架下来研究"新闻自由"概念的使用，力图展现文本与其社会条件、意识形态和权力关系之间的联系。② 回顾近百年中国公共舆论史，"新闻自由"观念的使用主要有两个传统。

一、"新闻自由"的个人主义传统

中文的"出版自由"一词最早出现在清末。早期中国学界对

① 有学者提出，"新闻自由"不是科学的用语，"新闻自由"的说法于理不通，它不符合现代汉语的构词习惯。世界各国（包括中国）的宪法都只有"言论、出版自由"而没有"新闻自由"。而且"新闻自由"一词有多重含义，可以作多种解释，简单地把"新闻自由"列为公民权利会带来混乱，因此"新闻自由"不是科学的用语。而"出版自由"虽有宪法和法律作依据，但"出版"一词不能涵盖广播、电视、互联网等新的传播媒介，因此笔者建议使用"新闻出版自由"这个变通的说法。

② 例如，批判话语分析就对种族主义的修辞、新工党的话语、新资本主义的修辞进行更为总体的研究。

"新闻自由"概念的解释主要是指言论和出版自由，主要译自西文和日文，将出版自由塑造为一种民众与生俱来的天赋权利。实际上，新闻自由观并非看起来那么"普适"，即便在欧洲国家也是异类。"新闻自由"从"特殊性"走向"普适性"走过了一个漫长且复杂的过程。在18世纪中期，英国哲学家大卫·休谟曾对英国新闻自由的独特性表示惊诧。① 他在对比了同时代的法国、西班牙等国家以后，不由得讶异道："没有什么比我们这个国家中人们所享有的极端新闻自由更易使外国人感到吃惊了。我们可以任意向公众报道一切，并可公开指责国王及其大臣们所采取的每项措施……这种自由是别的任何政府，不论是共和制的或是君主制的政府所不容许的，即使在荷兰和威尼斯都是不容许的，那里比法国和西班牙限制更严。"② 为此，他提出一些问题："为什么唯独大不列颠享有这种特权？为什么这个王国内存在这么多的新闻自由，超过了任何其他政府所容许的限度？"他坦言："也必须承认：无限的新闻自由也是这种混合体制的政府的伴生弊病；不过我们对此很难，也许不可能提出什么补救办法。"③ 在休谟看来，新闻自由乃是由于英国特有的混合体制所衍生出来的，是在特定历史环境下从英国的社会土壤生长出来的社会现象。

作为个人权利观念的"新闻自由"主要是在救亡图存的背景

---

① 由英国发源的新闻自由对欧美国家政治文化产生重要影响。1644年，英国哲学家弥尔顿发表了题为"论出版自由"的演说，在人类历史上首次提出了"出版自由"的口号。他认为，出版自由是人与生俱来的权利，"是一切自由中最重要的自由"。弥尔顿将出版自由和人权联系起来，从近代自然法理论上捍卫了出版自由。一些学者指出："从弥尔顿这种思想出发，形成了现代关于'观点的公开市场'以及'自我修正过程'的概念。"

②③ ［英］大卫·休谟：《论政治与经济——休谟论说文集卷一》，张正萍译，浙江大学出版社，2011年，第1页。

下被引入中国的，充满了对西方世界的想象。甲午战争后，《清议报》在 1900 年刊登了日本佐藤马之丞的《论新政新学可以存国之理》。该文提出："固以万机决于公议。而其开通之原点，尤在出版自由。言论自由。故苟关于全国之利害得失。纵全国之人上下而论议之。"[1] 1902 年，梁启超在《新民丛报》发表的《敬告我同业诸君》一文中，将出版自由作为"四大自由"之一，四大自由"谓思想自由言论自由行为自由出版自由"。"西人恒有言曰，言论自由，出版自由，为一切自由之保障。诚以此两自由苟失坠。则行政之权限万不能立。"[2]

伴随着民权意识的觉醒，新闻自由作为一项权利逐渐深入人心。辛亥革命以后，向政府争取言论出版自由成为此后学生运动的重要主题。在新文化运动中，《新青年》《少年中国》等杂志都主张"力争人民言论集会结社出版自由"。1918 年北京大学新闻学研究会的成立标志着我国新闻教育和新闻学研究的发端。1920年 8 月，胡适和陈独秀等人在北京共同发起《争自由宣言》，要求北洋政府废止专制法令，保障人民有言论、集会、结社、出版等自由。英、美学者戴雪、杜威、罗素等人的著作也被翻译过来，有关出版自由的观点逐渐深入人心。

新闻自由的内容是报道自由、采访自由、传播自由、发布自由。这几种自由在二战之前，大多统括在言论自由里面。自 20 世纪 30 年代以后，"新闻自由"才作为一个专有词汇出现在报纸杂志中，标志着中国相对独立的新闻行业已经逐步形成。从原来的

---

① ［日］佐藤马之丞：《论新政新学可以存国之理》，《清议报》，1900 年 1 月 19 日。
② 梁启超：《敬告我同业诸君》，《新民丛报》，1902 年 2 月，第 17 期。

传统报馆走向专门新闻报道。张季鸾在办《大公报》时提出了
"不党、不卖、不私、不盲"的"四不"方针，具体在实行中体
现为"立意至公、存心至诚、忠于主张、勇于发表"的言论信
条。张季鸾明确提出："中国报人本来以英美式的自由主义为理
想，是自由职业者的一门。其信仰是言论自由，而职业独立。对
政治，贵敢言，对新闻，贵争快，从消极的说，是反统制，反干
涉。"① 当时的《报学杂志》《世界知识》《新闻类编》等报刊都
专门刊登了讨论新闻自由的文章。

更重要的是，1944 年，美国新闻界 357 家报纸主笔组成的
"美国报纸主笔协会"召开大会，发起了新闻自由运动，主张超
越一国的新闻自由，将国际新闻自由签署为国家义务。时任美联
社社长肯特·古伯特提出："意见不同、思想不同、目的不同的
情形永远不会消灭，因为差异一旦消灭，也就是说进步终止。"
1944 年 11 月 20 日，中国新闻学会在第三届年会上通过了响应新
闻自由案的决议。② 当时，中国的新闻自由运动以国民党党报
《中央日报》为主导，国共两党所管辖的党报和民营报纸纷纷响
应。时任国民党中央日报社社长马星野发表了《言论与诽谤》
《中国言论界的自由传统》《出版自由论》《新闻自由与世界和
平》等文章，整理了《新闻自由论》等小册子，系统地介绍了新
闻自由思潮的起源和新闻自由运动的概况。

中国共产党也曾利用新闻自由的利器，积极响应新闻自由运
动，与国民党政权进行合法斗争。《新华日报》大声疾呼，争取

---

① 张季鸾：《本社同人之志趣》，《大公报》，1926 年 9 月 1 日。
② 1951 年，国际新闻学会提出衡量新闻自由的四条标准，包括：①自由采访，②自由通讯，
③自由出版报纸，④自由批评。

新闻自由之保障，连篇累牍地报道了各个国家取消新闻检查制度的情况，敦促国民党政权放弃新闻检查。同时，《大公报》《观察》等民营报刊也代表中间立场，积极呼吁新闻自由，认为"新闻自由这几个字浅浅看来，只是为新闻记者谋便利、求保障，其实是为人类世界保障和平，是民主政治的精髓"。新闻自由运动初期取到了良好的效果。在国际舆论的压力下，1945 年 10 月 1 日，国民党政府宣布取消了新闻检查制度。围绕参加国际新闻公约，新闻界积极响应，提出"中国参加国际新闻公约，正是一个很好的机会在国内发起一个研究新闻自由的运动，使一般政府与人民，尤其是报人与读者对新闻自由有正确的认识"。联合国大会 1948 年通过了《世界人权宣言》，该宣言第十九条规定："人人有权享有主张和发表意见的自由；此项权利包括持有主张而不受干涉的自由，通过任何媒介和不论国界寻求、接受和传递消息和思想的自由。"但是随着统治压力的增大，国民党又试图通过修改《出版法》，采取立法方式重新管制新闻媒体，于是引起了社会舆论的反弹。《观察》的主笔储安平撰写了《评出版法修正草案》等文章，并提出："在根本上，我们反对另设《出版法》来约束出版事业。"[1] 1948 年，国民党政府依据《出版法》查封了南京的《新民报》，党内舆论也开始转弯，新闻自由运动在中国遭遇了重挫。

可以看到，**"新闻自由"作为一种权利话语逐渐被引入中国，是和特定的历史传统、国际格局及民权意识的觉醒相联系的。**个人主义新闻自由观建基于近代自然法和契约论的理论基础上，强

---

① 储安平：《储安平文集》，东方出版中心，1998 年。

调权威来自于民众的授予，而新闻自由是民众权利的具体延伸。在新中国成立之前，"新闻自由"的概念和反帝国主义、反封建、反专制、反独裁、反法西斯主义等话语糅合在一起，强调新闻自由是天赋的个人权利，认为新闻自由具有监督政府权力、防止权力滥用、保护公民自由的功能。但是这种嫁接过来的新闻自由是舶来品，在传播过程中与中国的民情、文化、政治秩序发生了激烈的冲突。

二、"新闻自由"的群体主义传统

新闻自由的另一个传统是群体主义的传统，这种传统更加强调政府权威的自洽性、历史传统的特殊性。在对待何为公共利益，何为社会禁忌等问题上，这种群体主体的新闻自由观与个人主义新闻自由观有着较大的区别。群体主义的新闻自由观是以群体为本位的，这包括共同体的文化、习俗、宗教、政治等诸多禁忌。这一传统否认存在抽象的、普适的、适用于任何社会和国家的新闻自由。在"新闻自由"概念传入中国的过程中，与既有的政治秩序产生了持续的紧张，这引起一些思想家的反思。

（一）抽象的新闻自由与政府秩序之间存在矛盾

如前所述，个人主义新闻自由观是历史的产物，而且与英、美式自由主义的兴起紧密相关。在实践中，新闻自由常常是以反政府、反权威、反体制，甚至是反社会的革命姿态出现。例如，康有为就对出版自由所谓的普通性提出了疑问。他在《政论集》中写道："今各国宪法，所号为言论自由、宗教自由、迁徙自由、出版自由者，亦所谓一事之自由，而非普通之自由矣。"更何况"其言论出版之自由，尚有法律之限制，文部之检定。即以美之宽大，其得罪政府而无据者，且下狱终身，或至杀"。他还认为，在人类现实社会生活中是不存在所谓的完全意义上的自由的，因为"人道以合群为义，以合群为强"。在《国际新闻通信事业的组织》一文中则写道："吾人要不得仅仅根据言论出版自由等等抽象的理论，一概抹杀，置而不论也。"当知识分子以新闻自由为理由挑战政府权威之时，往往被政府机构以法律、暴力、经济等手段加以压制。

（二）抽象的新闻自由与爱国主义、民族主义之间存在矛盾

对抽象新闻自由观念的另一支主要反对力量是民族主义的力量，尤其在涉及一些敏感国际议题的时候，新闻自由就会触及它的边界。1925 年的"《晨报》案"标志着新闻自由与民族主义的情绪出现了矛盾。北洋时期，宪法研究会的机关报《晨报》主张实行宪政。1925 年，《晨报副刊》发表了《苏俄何以是我们的敌人》，引发了"对俄问题"的大讨论。国民政府当时正在采取"联俄"的方针，而《晨报》所发表的文章十有八九都是反对苏俄的，因此惹怒了左翼学生和群众，"自命争自由的民众"捣毁并焚烧了晨报馆。胡适和陈独秀在《晨报》被烧事件上发生了冲突，凸显出中国知识分子对"新闻自由"的不同观点。陈独秀问

胡适："你认为《晨报》不该烧吗？"而胡适则回复了一封长信，坚持捍卫新闻自由的观点："异乎我者未必即非，而同乎我者未必即是；今日众人之所是未必即是，而众人之所非未必真非。""我怕的是这种不容忍的风气造成之后，这个社会要变成一个更残忍更惨酷的社会，我们爱自由争自由的人怕没有立足容身之地了。"① 在这里，**一旦新闻自由触及民族主义和爱国主义等敏感题目的时候，民众往往因为情感的原因会对反对的意见格外愤慨，因此在新闻自由和文化习俗之间也存在着紧张关系。**

（三）抽象新闻自由观与阶级观的冲突

在新闻自由的讨论上，列宁创立了一种以阶级自由为核心的新闻思想。十月革命成功后，列宁从人人自由的思想转到阶级自由的思想，特别强调要区分哪个阶级的出版自由。十月革命胜利后第三天，列宁就签署了《关于出版问题的法令》，并特别指出："特别是在新政权，工农政权刚刚巩固的时刻，不能把这个武器完全留在敌人手里，在这种时刻，其危险不亚于炮弹和机关枪。"② 他还说："出版自由就是资本家霸占一切报纸，这种霸占的结果就是使最自由的国家在内的世界各国一切地方的报刊实际上都成了被人收买的报刊；出版自由是依赖资本的自由，是富人收买报刊和用金钱制造舆论的自由；出版自由就是富人每天发行

---

① 张菁菁：《胡适与陈独秀争论"社会容忍"问题》，http：//www.360doc.cn/article/44381728_670042262.html。

② 郑异凡：《自由——十月革命的第四个口号》，《探索与争鸣》，2008年第1期。

数百万份报纸来有系统地不断地欺骗腐蚀和愚弄穷人的自由等等。"① 1945 年，《中苏文化》杂志刊登了苏联学者巴尔梯斯基与美联社记者肯特·古柏的公开辩论。古柏曾在二战后说："世界上十分之九的国家一定都拥护自由新闻的原则，只是苏联和中国例外。"巴尔梯斯基反驳认为，苏联将确定不移地维持最广泛的新闻自由。他提出："我们不明白，为什么法国、意大利，南斯拉夫，或是其他任何欧洲国家，必得从大西洋那一边输进它的新闻自由的模范……我们必须承认，任何国家没有一个报纸或是新闻社不是被管制和指导的。因此，论点不是在执行或不执行管制与指导，而是在谁执行，怎样执行，以及为着谁的利益。在美国，报纸的管制与指导是因各个报纸的老板私人-发行人和报纸或新闻社主要的股东来执行的。"②

中国共产党受到苏俄新闻学说的深刻影响。③ 1943 年 9 月 1 日，陆定一的《我们对于新闻学的基本观点》一文在《解放日报》发表，对新闻自由进行辩证唯物主义的论述，批判国民党的法西斯主义新闻观，强调自由无不带有阶级的属性，新闻自由也是从属于统治阶级的。新中国成立后，为了巩固新生的人民政权，私营报纸在 1952 年年底被完全取消，新闻媒介基本上被理解为"党的新闻事业"。1957 年，毛泽东在宣传文教部长会议上说："没有抽象的言论自由，只有什么阶级的自由，阶级中什么集团

---

① 郑异凡：《苏联书报检查制度是如何产生的?》，《历史教学研究》，2008 年第 3 期。
② 什之：《苏联与美国的新闻自由》，《中国建设》，1945 年第 2 卷第 6 期。
③ 马克思 1842 年所写的《评普鲁士最近的书报检查令》和《关于第六届莱茵省议会的辩论》两篇论文，对普鲁士的书报检查制度进行了透彻的批判。马克思认为，书报检查制度是出版发行前的秘密评判或"官方的批评"，其标准就是"凡是政府的命令都是真理"。

的自由。""世界上只有具体的自由，具体的民主，没有抽象的自由，抽象的民主。在阶级斗争的社会里，有了剥削阶级剥削劳动人民的自由，就没有劳动人民不受剥削的自由。"在反右派斗争后，新闻自由话语的使用主要是批判性的，以揭开"自由世界"所谓的"伪自由"为宗旨，强调没有抽象的无阶级自由。例如，1960 年，中国人民大学新闻系等专门组织了国外学者的"批判资产阶级新闻学资料"系列丛书，翻译了法国学者杰克·凯赛尔的《一种自由的死亡：新闻的技术与政治》、日本学者小野秀雄的《新闻学原理》、美国学者威士里·克拉尔克的《明日新闻事业》、卡斯伯·约斯特的《新闻学原理》、纳尔逊·克劳福德的《新闻伦理学》，等等。新闻自由主要呈现为阶级分析的话语。在相当长的时间内，讨论中呈现为无产阶级新闻自由和资产阶级新闻自由的对立，而无产阶级的新闻自由是更高级的自由。

由此可以看到，**政府权威、宗教习俗、文化传统、民族习惯、阶级立场都共同对新闻自由的边界产生了限定**。近百年来，这种群体主义的新闻自由传统强调新闻报道的责任、界限，主张一种负责任的新闻自由观。尤其是共产主义运动在和英、美等高扬国际新闻自由的论战中，发展出一套关于阶级自由的论述，并且对资本主义新闻自由的虚伪进行了批判，提供了另外一种更具有"普适性"的话语。

三、两种新闻自由观的交锋

回顾新闻自由的观念史，可以看到个人主义和群体主义两个不同的传统。可以说,中国公共舆论数百年的历史恰恰是一部两种新闻自由观对撞的历史。两种传统交锋对话,共同构成了中国人对公共与私人边界的想象。前者强调抽象的、普适性的、作为公民个人权利的自由;后者强调具体的、特殊性的、作为群体权利的自由。前者强调新闻自由对政府权力的监督功能,而后者强调政府对新闻自由的控制的正当性。在新的时期,随着电视、广播、互联网等技术的普及,两种新闻自由观的传统交锋碰撞出现了空前的混杂局面,其政治性也越来越强。

(一) 阶级话语的淡化与"新闻自由"的新定义

改革开放以后,阶级话语开始逐渐淡化,"社会主义新闻自由"和"资本主义新闻自由"的二元分类逐渐被放弃。越来越多的研究者开始借助新的分析工具进行研究,不再满足于批判资本主义新闻自由的虚伪性和欺骗性,对新闻自由的理解变得更加多元。

从20世纪80年代起,学者们开始重启讨论新闻自由的问题。如胡绩伟提出,要对"新闻自由"重新定义:"新闻自由就是我国宪法规定的言论出版自由、从事政治活动和社会活动的自由以及进行科学研究、文学艺术创作和其他文化活动等等自由通过新闻工具的运用和实施。"[1] 并且在80年代政治改革的大背景下,胡绩伟提出了新闻立法的问题。他认为:"人民的种种民主权利的切实行使与新闻自由的真正实现密切相关。"胡绩伟撰写了

---

[1] 唐润华、李秀萍:《胡绩伟提出新闻自由新定义》,《新闻记者》,1988年第5期。

《新闻立法是一项重要的新闻改革》，张友渔撰写了《希望大家关心新闻立法》，一些知识分子对新闻报刊的喉舌论进行了批评，一度产生了极大的社会影响。

1989年政治风波后，一些文章开始批判资产阶级新闻自由观点。例如仇学平针锋相对地撰写了《评胡绩伟新闻自由的几个观点》，姚文华撰写了《新闻自由也是社会主义好》《论社会主义新闻自由规律》。赵水福提出要划清资产阶级新闻自由与社会主义新闻自由的界限，张源正、史延春提出社会主义新闻自由也存在初级阶段，不应该照搬资本主义高级阶段的做法，并提出"在阶级社会中，新闻自由也是有阶级性"等观点。相对系统的著作是丰纯高撰写的专著《社会主义新闻自由》，尝试厘清社会主义新闻自由的规律。但是可以看到，这些批评还是在既有的阶级分析框架内来研究新闻自由。不过我们可以观察到，90年代后，总的特点是跳出了"资产阶级""无产阶级"的框框，更多的研究者从学科建设的角度深入研究新闻自由本身的规律，开始注重从国别、从历史来具体地研究新闻自由。

（二）"新闻自由"概念的双重轨迹

20世纪90年代，随着社会主义市场经济的推进，有关新闻自由的讨论又重新浮出水面。有学者提出重新研究马克思主义的新闻自由观，如展江撰写了《马克思主义新闻自由观再探》，金伟撰写了《马克思主义新闻自由观及其当代价值》，重新激活马克思的革命传统。也有学者直接要接续个人主义的新闻自由观，如王健壮的

《凯撒不爱我：追寻新闻人的自由传统与典范》、张育仁的《自由的历险：中国自由主义新闻思想史》、孙旭培的《自由与法框架下的新闻改革》。大量学者对弥尔顿、杰斐逊、胡适等个人主义的新闻自由观进行研究，把马克思和列宁的新闻观点对立起来，对精英主义新闻自由观和无产阶级新闻自由观提出了批评。

"新闻自由"以"舆论监督""媒体监督"等概念出现在舆论上，尤其是展江等学者从 2001 年开始，连续主办的"新世纪新闻舆论监督研讨会"，到 2013 年共召开了十二届研讨会。展江和张金玺主编了《新闻舆论监督与全球政治文明：一种公民社会的进路》一书。他们认为，舆论监督的本质在于，它是现代社会公民行使自身权利，对权力运作尤其是权力滥用导致的腐败进行监督的一种直接民主形式，是公共领域的一个重要功能。这部分学者借助国内学者提供的公民社会理论，突出强调了新闻舆论的反腐败功能，并强调"政治民主化是新闻事业发达的基本前提，没有民主政治就没有新闻事业……政治文明离不开健康的新闻舆论，其中必然包括人民群众通过新闻媒体对政治过程尤其是政府的决策和施政过程的监督。公民社会需要普及公民教育和媒介素养，通过媒体这个纽带和教育工具，让越来越多的群众具有公共道德感和参政意识，这是现代国家的成功经验。舆论监督所代行的主要是公民所享有的法律权利中的表达权利，政治权利中的反对权利，所维护的则是所有的公民权利"①。舆论监督、新闻自由再次成为热点话题。

但是这一时期大多数学者对"新闻自由"概念的使用还停留在研究的角度上，大多数人对新闻自由的研究还是以国外新闻研

---

① 秦平：《有效监督政府，我们可以这样做》，《法制日报》，2008 年 3 月 10 日。

究为主，对国外新闻自由的复杂性也理解得更为深刻。不少学者尝试从更历史、更理性的角度来看待政府、媒体、公民之间的关系，尤其是针对美国新闻自由的研究居多。例如赵刚的《公开与公平的博弈：美国最高法院如何平衡新闻自由和审判公正》、邱小平的《表达自由：美国宪法第一修正案研究》、吴秋余的《表达自由视野下的新闻侵权研究：以美国宪法第一修正案为参照》、马凌的《共和与自由：美国近代新闻史研究》、张健的《自由的逻辑：进步时代美国新闻业的转型》、梁晓君的《美国新闻传媒和美国对外政策：兼论传媒与政府的关系》、陈伟的《辛普森比窦娥还冤吗？》、李浙的《论美国媒体与美国对外政策的关系：以CNN为例》、廖文亮的《畸变的新闻自由：美国新闻自由与民主政治的另一种视角》、蒋立新的《美国媒体服务于国家意识形态战略：关于美国媒体对科索沃报道的分析》、刘国瑛的《新闻传媒：制衡美国的第四权力？》，等等。并且学者们还系统翻译出版了海曼·韦斯廷的《最佳方案：公平报道的美国经验》、泽勒尼的《传播法：自由、禁制与现代传媒》、埃文斯的《底线：默多克与泰晤士报之争背后的新闻自由》、迈克尔·帕伦蒂的《美国的新闻自由》、盖里·罗斯的《谁来监管泄密者？——国家安全与新闻自由的冲突》、欧文·费斯的《言论自由的反讽》等著作。也有学者开始研究传媒企业本身，尤其是跨国资本力量的内在机制。如刘笑盈的《窃听门真相：默多克传媒帝国透视》、王梦影的《初探〈泰晤士报〉驻华记者柯乐洪涉华传播（1881—1905）》，等等。也有部分学者研究了不同于英、美的新闻自由传统，如黄文涛的《试论新加坡对驻新外国媒体的管理》等，更多强调政府对新闻自由的管制方法。可以看出，学界对新闻自由的研究更加深入，对新闻自由的理性思考变得越来越多。

并且越来越多的学者更加直接地面对中国新闻改革中的现实问题，不再简单地从弘扬新闻自由，或者贬斥新闻自由的角度来研究问题。除了新闻学传播学界外，不少法学、社会学、政治学学者也开始关注新闻自由问题。国内学者相继出版了一系列高质量的研究作品，包括陈力丹的《自由与责任：国际社会新闻自律研究》、郑文明的《诽谤的法律规制：兼论媒体诽谤》、刘静的《论司法独立与媒体监督在刑事诉讼中的冲突与平衡》、王峰的《表达自由及其界限》、卜建林的《传媒与司法》、赵峰的《论新闻监督司法活动的制度设计》，等等。

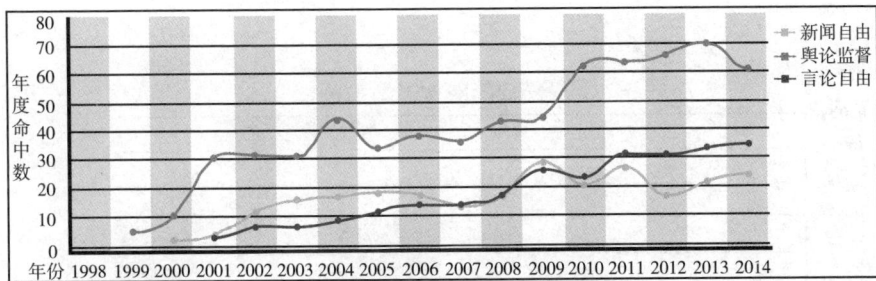

图1　1998—2014年"新闻自由"概念的使用情况（期刊）

数据来源：万方数据库

（三）互联网时代的来临与新闻自由的滥用

近十年来，我国新闻事业的发展面临着极为严峻的挑战，突出表现为互联网科技的发展和国际形势发生的一系列重大变化。2008 年以来，国内外发生的一系列事件导致"新闻自由、出版言论自由的边界在哪里?"这一问题重新激起了公众的讨论，成为极富政治性的讨论议题。

1. 互联网的时代已经来临，新闻自由的意涵出现根本变化

近十年来，互联网技术的迅猛发展，使得新闻传播的源头已经大大超出了传统的书报和电视广播，"人人可以发布新闻"的自媒体传播方式也深深改变了新闻自由的含义。尤其是自 2009 年以来，微博和微信平台的建立，以及智能手机的普及，用户规模已经呈几何级的增长，涉及宗教、政治、民族、文化、道德等敏感的议题屡屡挑战政府管控的边界。如果没有法制方式进行约束，社会的秩序可能出现问题。

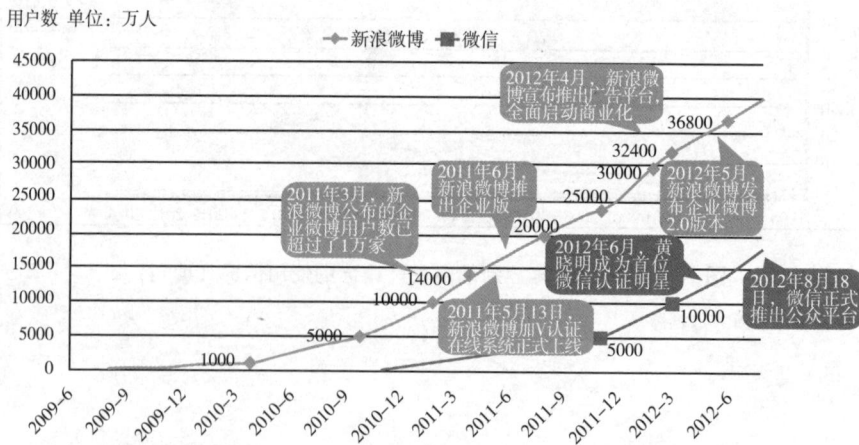

图 2 新浪微博、微信的用户规模和发展历程

在新闻报道上，近年来，很多新闻报道都宣称自己本着新闻

监督、新闻自由的原则，为民众争取权利，但是新闻行业也并非道德净土。目前我国的网络新闻从业人员超过 300 万人，比传统媒体的从业人员要多得多。在缺乏有效管制，尤其是缺乏新闻行业自律的情况下，新闻报道的规矩实际上没有立起来。在这样的情况下，"新闻自由"概念被滥用已经出现苗头。例如，21 世纪传媒集团、21 世纪网敲诈勒索，对政府或者企业进行威胁，滥用媒体的权力。一些黑记者、假记者败坏了新闻行业的风气，"给钱就不报，不给钱就报"，打着反腐败、维权等旗号扰乱社会秩序，抹黑政府的形象。

没有节制的新闻自由干预司法的现象尤为突出，威胁法治社会的建设，一些地方政府甚至不以为怪。有的媒体热炒司法案件，有的报道偏激、非理性，上来就骂，给法官的公平审判带来很大的压力。近年来发生的李昌奎案、药家鑫案、黄静案、邓玉娇案、李天一案、黄洋案，都反映出网络舆论对司法独立的干预已经初露端倪。在司法权威性没有完全深入人心的中国，如何平衡新闻自由与法治建设之间的关系尤其值得思考。新闻自由如果被不加节制地滥用，成为民众宣泄情绪的工具，就有可能阻碍社会的发展与进步。

2. 美国等大国战略大打"新闻自由"牌，企图以此遏制中国崛起

在后冷战的时代，美国的战略中心逐渐转移到亚太地区，中国成为美国的战略"假想敌"。国际新闻自由话语权牢牢掌握在美国等大国手中，世界新闻自由的指标测量被无国界记者组织、新闻自由之家等所谓的非政府组织掌握。无国界记者组织通过测量国家对电视台和广播台的垄断、媒体审查和自我审查的程度、外国记者入境报道等数据来测量新闻自由的一般情况，每年对各国新闻自由程度进行监测。保护摄影记者协会（CPJ）通过追踪记者的案例，利用互联网对部分国家对新闻记者的管制进行跟踪。自由之家（Freedom House）研究更一般性的政治和经济问题，通过研究新闻自由对自由指标进行测量。有关新闻自由最知名的指数是世界新闻自由指数，该指数通过所谓人权观察和研究者的记录及对记者和媒体工作者的问卷调查收集材料。将中国、伊朗、叙利亚、朝鲜等国列为新闻最不自由的几个国家，以此对中国政府施压。通过这些指标，美国就占据了道德制高点，以此为借口来遏制中国的崛起，对中国在新闻事业发展上做出的贡献完全视而不见。

冷战虽然已经结束，但是冷战思维仍然在延续。西方一些国家的意识形态偏见仍然根深蒂固，"新闻自由"常常被沦为意识形态的工具。尤其是英国、美国等国近年来在香港、新疆、西藏等问题上资助、支持反对力量，利用互联网新技术来干预中国内政，已经成为众所周知的事实。例如，奥运会的议题操纵、2014年香港非法"占中"运动。在国际上表现为，2012年中亚北非的"茉莉花革命"、2014年的乌克兰危机、2014年的叙利亚危机。我们看到，一些所谓自由民主的国家，挥舞着新闻自由的大旗，策动"2.0革命"。然而随着斯诺登的"棱镜门"事件、英国窃听G20丑闻，所谓"新闻自由在英与生俱来"的说法让越来越多的人认清了西方部分国家伪善的面目，这一系列事件对这些天天高喊"新闻自由"的国家造成了严重的信用危机。"新闻自由"

作为意识形态工具被蒙上了灰尘。

在新的时期，"新闻自由"概念已经远远偏离其原有内涵。在新的传播环境下，文化、民族、政治、宗教等领域内泥沙俱下的话题，给国家对新闻的管制带来系统性的挑战。尤其是在阶级自由的话语淡化后，如何找到新的路子，去消解普适性的价值观带来的冲击，是摆在政府面前的一个问题。从实践角度来说，在目前新闻行业规范、新闻自律尚待完善的情况下，如何通过法治来给新闻这匹"野马"套上"缰绳"，形成一种健康的舆论生态是亟待解决的问题。

第十讲

如何把握"公民社会"的具体语境、特定内涵，从而有效辨别西方意识形态渗透策略？

　　德国大哲学家黑格尔说过："熟知并非真知。""公民社会"在中国可能就遭遇到这样的命运。在当代学术或社会语境中，"Civil Society" 常常被译为 "公民社会"；但在近现代语境中，其长期被译为 "市民社会"。在当代中国，"Civil Society" 一般有三个译名："市民社会""公民社会""民间社会"。不同的译名，反映了学者不同的理论倾向。这也导致了人们很难清晰地把握"公民社会" 概念的内涵。准确把握 "公民社会" 概念的含义及其 "中国运用"，首先还是要回到这个概念的原初语境及其理论变迁中。

一、西方 "公民社会" 概念演变史

　　"公民社会" 概念起源于西方，并在不同的社会历史发展阶段显示出不同的内涵。从较为宏观的角度看，"公民社会" 概念的历史演变过程大致可分为三个阶段。

（一）与自然状态对立的古代公民社会概念

　　在古代，"公民社会" 是一个与自然状态、野蛮状态相对应的概念，它与 "文明社会" 同义。古希腊先哲亚里士多德在《政治学》一书中就谈及 "公民社会"，他将其理解为城邦社会或共同体。城邦是由平等和自由的公民组成的政治共同体，它是比家庭、部落更具道德性、文明性的共同体。公元前 1 世纪，古罗马学者西塞罗正式提出了"Civilissocietas"（拉丁文）概念，用其表示一种不同于部落和乡村的城市文明的生活状态。14 世纪以后，"Civilissocietas"一词被越来越多的欧洲人使用，表示从封建体制外生长出来的、不同于野蛮人的城市商业文明。直到近代早期，诸如洛克、卢梭等大思想家还是延续这一概念，将"公民社会"理解为与自然状态相对应的政治共同体或文明共同体。

（二）基于"国家-社会"二分法框架的近代"公民社会"概念

到了近代，随着商业经济的发展，西方思想家逐渐意识到社会日益成为一个独立领域，国家与社会的一体化结构被打破。许多思想家放弃了将"公民社会"等同于"文明社会""政治共同体"和"国家"等概念的观点，建立在"国家-社会"二分法基础上的公民社会观成为近代西方思想界，特别是政治思想界的主流。并且在二分法框架下，"公民社会"概念往往被表述为"市民社会"。

黑格尔是第一个坚持国家与社会二元区分的思想家。他指出，市民社会（即公民社会）"是各个成员作为独立的单个人的联合"。与代表普遍利益的国家不同，市民社会是代表私人特殊利益的。黑格尔具体规定了市民社会包含了三个环节：第一，需要体系。通过个人劳动以及通过其他人的劳动和他人需要的满足，来使自己的需要得到满足。第二，司法。依靠法律来维持市民个人需要的满足，人身和财产的保障。第三，警察和同业公会。维护特殊利益、公共福利，维持社会秩序。此外，黑格尔坚持国家高于市民社会，市民社会最终要过渡到国家，离开了国家，市民社会是不可能健康发展的。

黑格尔的"市民社会"概念在马克思那里得到批判性继承。马克思批判了黑格尔的唯心主义，指出了不是国家决定市民社会，而是市民社会决定国家。但与黑格尔相似，马克思仍然继承了市民社会与国家区分的二分法。当然，黑格尔主要是从特殊利益与普遍利益的差异去理解这种二分法，而马克思主要是从"经济基础"与"政治上层建筑"的关系去理解的。

（三）基于"国家-市场-社会"三分法框架的现代"公民社会"概念

进入 20 世纪，特别是 80 年代以来，西方社会结构发生了重大变化，公共领域特别是社会组织得到了蓬勃发展。西方学者对于"公民社会"的认识也发生了较大变化。**人们开始用"国家-市场-社会"三分法来重新界定"公民社会"，它被描述为经济领域中的市场系统、政治领域中的权力系统之外的社会和文化领域，即"第三领域"。**西方学者将经济活动从公民社会中分离出去，更多的是从文化、意识形态和公共领域等角度（非经济角度）来界定公民社会。我们可以以葛兰西、哈贝马斯为例，简单论述一下。

葛兰西把公民社会（马克思主义传统中一般使用"市民社

会"表述）从经济领域"移植"到上层建筑领域。针对发达资本主义国家的政权结构，他提出了"国家＝政治社会＋市民社会"的著名论断。上层建筑有两个方面：一是政治社会，即国家、政府等政治活动领域；二是市民社会，即文化和意识形态领域。市民社会既包括政党、工会、学校、教会等民间社会组织所代表的社会舆论领域，也包括报纸、杂志、学术团体、新闻媒介等代表的意识形态领域。

哈贝马斯将"公共领域"和"生活世界"概念引入"公民社会"的讨论中，对现代公民社会理论做出了重要的贡献。哈贝马斯继承了黑格尔和马克思的观点，认为公民社会是随着市场经济的发展而形成的，是独立于政治国家的私人自主领域。哈贝马斯的独特之处在于，他指出公民社会由两个不同的部分构成：一是以私人占有制和资本主义为基础的市场体系，包括劳动力市场、资本市场和商品市场及其控制机制；二是由个人组成的、独立于政治国家的社会文化体系，即"公共领域"，它包括教会、文化团体和学会，还包括独立的传媒、运动和娱乐协会、辩论俱乐部、市民论坛和市民协会，此外还包括职业团体、政治党派、工会和其他组织等。

哈贝马斯认为公民社会的第二个部分，即公共领域构成了公民社会的主体。由此，哈贝马斯主要是在"公共领域"意义上研究"公民社会"的。**在哈贝马斯看来，考察现代公民社会，本质上就是考察公共领域**。首先，公共领域具有"公共性"，它与私人领域相区别，公共领域说到底是公共舆论领域，讨论的是关于集体和国家的普遍问题；其次，公共领域具有"独立性"，独立表达公众意见，与公共权力和国家权力相抗衡，至少是不受后者干预；最后，公共领域具有"开放性"，每个人都可以进入公共领域，表达自己的意见和看法。

此外，哈贝马斯还运用"生活世界"概念来说明公共领域和公民社会。哈贝马斯指出，在资本主义晚期，整个社会日益发展成为一个庞大的系统。它包括两大部分：一是以资本原则为导向的资本主义经济理性系统，二是以权力原则为导向的现代国家官僚系统。它们都按照工具理性原则发展，两者不断合并为一个工具理性系统，并将资本原则和权力原则渗透到整个社会之中，导致了生活世界的殖民化。而生活世界就是不同于经济系统和政治系统的公共领域，即公民社会。我们可以看出，哈贝马斯放弃了两分法，而是在"市场-国家-社会"的三分法中理解公民社会（公共领域）。公民社会是既独立于经济系统，又独立于政治系统的"第三者"。

二、中国学者对"公民社会"概念的理解与运用

20世纪90年代以来，"公民社会"越来越受到中国知识界甚至政界的关注，人们希望通过这一纯粹的西方概念，为中国的现代化发展道路、国家与社会关系的建构提供思想资源。就具体的研究情况而言，中国学者对"公民社会"概念的理解、公民社会的理论分析和运用，大致可分为两个阶段。

第一阶段主要是从1992年到20世纪末。在这一阶段，中文文献较多地使用"市民社会"概念，学者们主要关注的是它在西

方语境中的概念内涵及其历史演变，讨论这一西方概念在中国的适用性问题，并且特别关注中国的市场经济发展前途及其建构路径问题。1992 年，邓正来、景跃进发表的《建构中国的市民社会》一文是中国公民社会研究的滥觞之作。其中，邓正来也成为中国公民社会研究的重要代表人物。2000 年之前，他的相关理论研究主导了中国人对"公民社会"概念的理解与运用。邓正来主要是立足于西方社会的"国家－社会"的两分法来理解"市民社会"（"公民社会"）概念。他从以下六个维度理解"市民社会"概念：①市民社会是以市场经济甚或私有产权为基础的，②市民社会的内在联系是内生于市场经济的平等自治的契约性关系，③市民社会遵循法治原则，④市民社会奉行自治原则，⑤市民社会通过公共传媒表达其意见和在公共空间交换意见，⑥市民社会内部的民主发展进程。① 可以看出，邓正来主要还是立足于西方二分法来理解"市民社会"或"公民社会"概念，这也代表了当时中国思想界的普遍认识。

当时人们之所以采用二分法来理解概念，主要与当时的社会经济发展背景有关。20 世纪 90 年代初，中国正值市场经济起步、经济体制改革的阶段，需要打破传统的国家与社会一体化的结构，将社会从国家过多的干涉中"独立"出来，个体从单位和国家的高度管理中"解放"出来。基于二分法的"市民社会"概念充分契合了这一现实诉求，因为它直接显示为脱离国家之外的独立的私人领域。市民社会领域是经济活动领域，但在中国，它主要表

---

① 参见邓正来：《中国发展研究的检视——兼论中国市民社会研究》，《中国社会科学季刊》（香港），1994 年总第 8 期。

现为体制外的经济活动领域，体制内的经济不属于市民社会范畴，因为它还直接依附于国家和政治权力，中国学者还是将其归属于"国家"。此外，市民社会的主体是由独立的个人、群体、社团和利益集团构成的，不包括具有"国家政治人"身份的公职人员、执政党组织、军人和警察，也不包括纯粹的农民。市民社会最为重要的主体是企业家阶层和知识分子。

在这一阶段，中国知识界虽然基本上接受了西方二分法理解框架，但在国家与社会的关系上，提出了中国化的独特观点。西方社会常常将公民社会与国家对立起来，认为两者存在不可调和的矛盾。**绝大多数中国学者并不认为国家与社会是非此即彼的对立关系，而是认为两者应当是"良性互动"的关系**。一方面，是国家对于市民社会的积极作用：①为市民社会的独立存在提供必要的制度和法律保障；②当市民社会产生自身无法解决的矛盾和冲突的时候，国家进行必要的干预和调节；③国家可以为市民社会活动提供普遍性的原则。另一方面，是市民社会对于国家的积极作用：①市民社会具有制衡国家的力量，可保障民众和社会的自由，避免国家的非法干预和侵犯；②市民社会的发展培育了多元的利益集团、不同的利益群体，为民主政治建设奠定基础。

第二阶段起始于 2000 年左右，现在仍在不断拓展进程中。如果说中国学者第一阶段主要使用的是"市民社会"译名的话，那么第二阶段主要是"公民社会"的表述。译名的外在变化，反映了学者对"公民社会"概念理解上的差异。自 2000 年以来，在社团、非政府组织（NGO）、第三部门的文献中，"公民社会"被使用的频率越来越高。2008 年 5 月 12 日汶川大地震之后，中国社会的志愿服务、慈善活动使得社会组织、公民社会等从知识界进入大众视野中，北京奥运会、上海世博会等大型活动中都广泛存在着志愿者、民间组织活动、公民社会参与等现象。从此之后，"公民社会"概念不再仅是少数学者关注的纯粹理论对象了，而是变成妇孺皆知的大众词汇，其对当代中国政治发展和日常社会生活的影响力越来越大。2008年年底，甚至有学者发布了《中国公民社会发展蓝皮书2008》，他们指出中国已经迈进公民社会。[①]

　　在第二阶段，中国知识界主要是基于西方的三分法框架来把握"公民社会"概念的，并且它逐步取代"市民社会"概念。俞可平、何增科等人对中国语境下的"公民社会"概念作出了一系列的解释和论证。**"按照社会三分法的逻辑，我们可以把公民社会当作国家或政府系统以及市场或企业系统之外的所有民间组织或民间关系的总和，它是官方政治领域和市场经济领域之外的民间公共领域。"**[②] 一般认为，公民社会主要包括了四个重要的要素：一是私人领域，二是社会组织，三是公共领域，四是社会运动。还有人认为，**公民社会应该包括这样一系列内容：公民意识的觉醒，公民社会组织的发展，公民社会与政府的互动，公民的利益表达和权利维护，公民对公共事务的参与，公民社会的自助、自救、自律、自治。**[③] 尽管现代意义上的公民社会含有多方面的要素，但中国学者普遍重视的还是公民社会的主体，即民间组织或非政府组织，把它们看作公民社会关键要素。在三分法框架中，社会分为三个系统：一是国家系统，其主体是政府组织，主要角

---

① 参见高丙中、袁瑞军主编：《中国公民社会发展蓝皮书2008》，北京大学出版社，2008年。
② 俞可平：《中国公民社会研究的若干问题》，《中共中央党校学报》，2007年第6期。
③ 参见李景鹏：《中国公民社会成长中的若干问题》，《社会科学》，2012年第1期。

色是官员；二是市场系统，其主体是企业，主要角色是企业家；三是公民社会系统，其主体是民间社会，主要角色是公民。所谓"民间组织"是指有着共同利益追求的公民自愿组成的非营利性社团，它具有非政府性、非营利性、相对独立性、自愿性等特征。

不同学者、不同民众对"公民社会"概念的理解重点是不同的。但总的来说，大致存在二分法和三分法这两个理解框架，并且在当下，基于"国家-市场-社会"框架中的公民社会概念，无论是在理论界，还是在社会舆论、民众日常生活层面都占主导。

三、围绕"公民社会"的争论

"公民社会"是一个舶来品，国内学者以及其他民众围绕它展开了一系列激烈的争论。从主要的认知和价值倾向来看，可以分为两派：一是对西方公民社会理论持肯定态度，并强调其对中国现代化建设、公民社会建构的积极作用；二是对西方公民社会理论持否定态度，重在揭示其背后的意识形态意图。

（一）肯定公民社会理论的价值，在实践上积极"培育"
　　　中国的公民社会

无论是坚持二分法的邓正来，还是坚持三分法的俞可平、何增科等人，都对西方公民社会理论持肯定态度。他们认为，"公民社会"既是推进中国现代化发展的思想资源，又是有效认识中国现代化的解释模式。在他们看来，公民社会的基本取向是这样的：立足国家与社会的分野，通过民主参与、社会运动、自主结社等方式，对国家政治决策产生积极影响，为提升公民的自由发展空间、公民素质等提供空间。

持积极观点的人指出，虽然公民社会起源于西方发达国家，但它是人类现代化发展过程的普遍产物，是市场经济发展到一定阶段的必然结果。随着社会主义市场经济不断发展，中国也必然会出现公民社会，事实上，当代中国已经形成或正在形成中国式公民社会。中国现代化要进一步有序推进，就需要主动吸收西方公民社会的思想资源和实践资源，积极"培育"中国公民社会。对于公民社会之于中国现代化发展的积极作用，大多数人强调其在推进政治现代化、民主治理等方面的影响。具体讲来，有下面五个积极影响：①公民社会的兴起奠定了基层民主特别是社会自治的组织基础；②公民社会特别是其中的社会组织是沟通政府与公民的有效桥梁；③专业化的社会组织可以影响政府决策，也可"倒逼"政府自身改革；④公民社会拓展了民众的政治参与渠道，增强了政府的政治合法性和认同感；⑤公民社会对政府行为进行有效的制约、制衡。

（二）指出"公民社会"概念含糊不清，破除新自由主义所建构的公民社会神话

一些学者对公民社会持彻底批判态度，最有代表性的人物就是王绍光。他认为，"公民社会"概念是含糊不清的，并且缺乏事实根据。他提出，要破除"公民社会"的种种神话：①同质的

神话，公民社会是平等竞争的整体，不存在利益差别和阶级差别；②圣洁的神话，社会组织完全是爱心、正义的象征；③独立的神话，不受权力和金钱支配的自主性；④国家与社会对立的神话；⑤民主动力的神话。①

总之，"公民社会"是新自由主义编造的神话，它肯定不适合于中国。王绍光的观点虽然在思想界不占主导，但这一观点对政界、一些学界的学者产生了很大影响。相当一部分政府官员、学者提出，**要全面认识当代西方"公民社会"的价值理念和理论实质，要警惕"公民社会"的意识形态本质——自由主义或新自由主义**。强调个人自由权利至上、价值多元的自由主义意识形态与马克思主义意识形态、社会主义核心价值是冲突的，甚至是完全对立的。甚至一些人提出，要警惕国内外反社会主义势力把"公民社会"作为实现西化分化战略图谋的策略目标和手段。

---

① 参见王绍光：《"公民社会" vs. "人民社会"——"公民社会"：新自由主义编造的粗糙神话》，《人民论坛》，2013 年第 22 期。

第十一讲

如何正确认识西方"人权输出"的本来面目，进一步以"中国元素"重构国际人权话语体系？

尊重和保障人权是人类文明进步的发展趋势，党的十九大报告明确指出，要加强人权法治保障，保证人民依法享有广泛权利和自由。发祥于近代欧洲的人权理论在西方经过不断丰富和发展，为世界人权事业的进步做出了重要贡献。然而近年来，以美国为首的西方国家，为了实现其人权外交的政策，提出了天赋人权、人权只是个人权利、政治权利是人权的核心，以及人权的基础是普遍的等主张作为传播其人权话语的基本策略，这是对人权本质的曲解，是在为干涉发展中国家内政寻求理论依据。**回应西方这些人权话语，我们主张全面肯定人权，但是生存权和发展权是首位，主张主权高于人权，强调第二代和第三代人权的重要性，要在不断加强与国际社会人权问题的交流与合作的基础上大力推进我国人权事业的健康发展。**

一、西方人权的发展历程及基本内容

（一）西方人权的发展历程

人权是基于人本身的权利，其所强调的是人本身的价值和尊严，是人得以生存和发展的基本要求和主体资格。谈及西方人权发展不得不重视近代欧洲，因其通常被视为人权思想的发祥地，早在古希腊就出现了人权理论的萌芽，后来资产阶级革命时期的思想家们，即"古典自然法学派"系统完整地提出人权理论。此后，随着19世纪的功利主义和实证主义以及20世纪的社会法学相继出现，人权理论也进一步得到完善与发展，尤其是法西斯主义在二战中的失败导致的自然法学的复兴，更进一步激发了人们对人权的重视。[①] 当代西方的人权理论是基于西方社会自身矛盾所提供的理论方案，是特定时间和特定空间的产物。[②] 想从根本上厘清当代西方所宣扬的人权的本质，就必须先对其在西方的发展脉络作简要梳理，用世界史的眼光来考察人权的发展。我们不难看出，人权是随着人类文明的不断演进，特别是阶级社会的出现而提出和表达的。人权作为系统化的思想理论，是在近代西方国家初露端倪的；作为付诸政治实践的制度体系，则最早发轫于中世纪的英国。[③]

英国出现了历史上第一份非严格意义上的人权文件，即1215年的《大宪章》，之所以称其为人权文件，是因为它在人类历史上首次确立了人权的基本原则，提出了保护个人尊严、反对国王滥权的基本精神，它要求恢复人的权利并制定一个宪法来保证这些权利。《大宪章》的诞生标志着人权实践进入了一个全新的阶段，同时也宣告了人权时代的到来，它奠定的人权原则不仅在英国人权发展史上享有重要的历史地位，而且对世界人权政策的发展也有着极其深远的影响。1689年，作为英国资产阶级革命胜利成果的《权利法案》重申了人权原则，由此《大宪章》的思想就

---

① 参见陆德生、纪荣荣、欧世平、李传柱：《人权意识与人权保障》，中国长安出版社，2014年，第50页。

② 参见徐爱国：《西方人权理论发展之历程》，《中外法学》，1991年第4期。

③ 参见徐显明：《世界人权的发展与中国人权的进步——关于人权法律史的理论思考》，《中共中央党校学报》，2008年第2期。

发展到了一个比较全面的阶段。以《大宪章》和《权利法案》为基础的英国人权精神在对欧洲大陆的人权思想产生了深远的影响的同时，也对北美殖民地人民争取独立的运动产生了极大的促进作用：一方面，美国人民为了实现人权的基本原则，积极开展反对英国专制统治的斗争；另一方面，在独立战争胜利后，美国人民要求对《大宪章》的积极权利思想进行吸收借鉴，把《大宪章》的原则和内容写进了宪法，美国《宪法》的权利法案就是最为直接的体现。受英、美两国的影响，法国于1789年诞生了《人权宣言》，这份文件在世界历史上第一次建立了具有完整意义的古典人权体系，并且在两年之后，《人权宣言》被写入法国第一部宪法，这就使得其获得了人权实践的指导价值，对后世也产生了广泛的影响。

自二战以来，人权问题引起了国际社会的普遍重视，因此也出现了以《世界人权宣言》为代表的一系列国际性人权文件。最早出现的，当属战时盟国提出的纲领性文件《大西洋宪章》和《联合国家宣言》，二者都明确提出对人权加以保护是结束世界大战与重建和平的一大目标。二战结束后，作为反法西斯胜利成果而建立起来的联合国将"增进并激励对于全体人类之人权及基本自由之尊重"作为其一项宗旨，并将战时盟国的上述理想充分体现在《联合国宪章》之中，自此人权问题正式进入国际领域。但是《联合国宪章》的人权条款规定的都是实现普遍人权的一般原则，较为抽象。为此，联合国大会于1948年通过了用了近两年时间起草的《世界人权宣言》。这份宣言无疑是联合国在世界人权领域迈出的意义最为重大的一步，是历史上第一份对于人权问题作出专门规定的国际文书。《世界人权宣言》不仅为国际人权领域的理论和实践奠定了基础，而且与其之后制定的《公民权利和政治权利国际公约》及《经济、社会、文化权利国际公约》共同构成了"国际人权宪章"。此后，随着国际形势的发展和需要，联合国于 1968 年通过了《德黑兰宣言》，1986 年通过了《发展权利宣言》，1993 年通过了《维也纳宣言和行动纲领》。这些文件的通过进一步完善了联合国人权保护范围，促进了国际人权事业的完善与发展，同时也极大地丰富了西方的人权理论。

（二）西方人权的基本内容

尊重和保障人权是人类文明进步的发展趋势，世界人权的发展是沿着由少数人到多数人再到所有人都享有并且真正实现人权的轨迹前进的。它经历以自由权为本的人权、以生存权为本的人权、以发展权为本的人权三个发展阶段。① 同时，从理论形式来看，西方的人权观念也大致经历了三种不同的形式，分别是：以洛克和卢梭等人为代表的"自然权利"说或"天赋人权"说、以边沁和密尔等人为代表的"法律权利"说、以马克思主义的理论和实践为基础的"福利权利"说。

众所周知，西方最早系统提出人权理论的是资产阶级。资产阶级思想家们为反对宗教神学、封建特权，以自然法作为其思想武器，提出了资产阶级革命的革命纲领，包含了西方人权的五大基

---

① 参见王沪宁：《文化扩张与文化主权：对主权观念的挑战》，《复旦学报》（社会科学版），1994 年第 3 期。

本观点，并对这些观点从理论上进行论证：第一，提出自然状态下的人类享有人权，指出在文明社会出现以前，生活在自然状态下的人们享有包括生命权、自由权、财产权等天赋的权利。第二，论证生命权是与生俱来的天赋权利，是天赋人权中最高的、最为基本的权利。正如自然界中的所有动物都会保证自己的生存一样，任何理性的人也都会极力保持自己的存在。第三，强调人是生而自由的，自由一直以来被奉为资本主义的核心，启蒙思想家们也把自由看作保护生命的重要手段，因此自由也就理所当然地构成人权的基本内容之一。第四，很多思想家都极力推崇人人生而平等的思想，将其作为实现人的自由权的条件，并主张没有平等，自由便不能存在。第五，近代资产阶级思想家们把私有财产权作为人权中神圣不可侵犯的东西，以至于卢梭提出契约国家的根本目的就是确保公民对财富的合法享有。

二、西方人权话语的传播策略

马克思主义曾认为，人权问题是整个人类社会发展到一定阶段的必然产物，是人类文明进步的要求和反映。事实也证明，人权在人类历史上首先是作为进步的思潮和运动出现的，西方新兴的资产阶级为反对封建专制主义和神权政治而高举人权的旗帜，在为自身发展扫清障碍的同时，客观上也为人类社会的进步创造了极大的历史功绩。然而到了近当代，人权在国际政治的发展中却出现了一定程度的异化。在冷战结束后的国际社会中，国际关系的基本要素发生了重要的变化，其中之一就是文化地位上升。

在当今的国际关系中，文化问题的敏感性大大加强，引起了国际关系中的一些重要的变革。① 随着经济全球化进程的加快，以美国为代表的西方国家开始把人权文化扩张作为他们人权外交的基础，并慢慢加大了人权文化扩张的力度。这些国家往往会鼓吹开展"人权对话"，以期灌输所谓的"普世人权观"，这就必然涉及西方人权话语的传播问题。然而在人权框架背后，隐藏着产生于特定的社会文化结构中的人权话语构建及其权力关系，而普及人权教育，无论是对外传播还是对内传播，其实都是一种跨文化传播。② 显然，作为一种跨文化传播，其难度可想而知，西方国家选用何种策略来达到其人权外交的目的非常关键，因为本质上，这些传播策略就是西方人权思想的基本主张，也是与中国人权思想的基本分歧。以下四点是西方人权话语的核心主张。

（一）主张天赋人权

以美国为代表的西方国家都坚持"天赋人权论"，认为人权是天赋的这一点是毋庸置疑的，是人们"与生俱来"的。另外，美国的《独立宣言》作为世界历史上"第一部人权宣言"也明确宣布"人人生而平等，他们都从他们的'造物主'那里被赋予了某些不可转让的权利"。因此，甚至可以说西方人权学说的核心就是"天赋人权"论。这种由西方本土文化和历史环境孕育的人权思想作为特定时空的产物，于西方世界不无社会价值。但是我

① 参见李世安：《试析美国的"普世人权观"、"人权对话"与"跨国市民社会运动"思潮》，《人权》，2002 年第 1 期。
② 参见卜卫：《人权话语建构与跨文化传播》，《人权》，2014 年第 5 期。

们认为，人权是经过长时期的斗争而争取得来的，是历史的产物并非是天赋的。

一方面，从该理论的产生上来看，这一理论产生于 17 世纪资产阶级与封建制度进行第二次大决战，即英国资产阶级革命时期，旨在否定"政治权力支配一切"的封建专制制度，论证资产阶级将社会私有化为不受国家干预的"私人领域"，以及以竞争和无政府状态为特征的资本主义自由经济的合理性。① 很明显，随着资本主义商品经济的兴起，资产阶级提出了自由、平等、人权的口号以反对中世纪教权、王权和封建贵族特权，最终为资本主义的发展铺平道路。恩格斯也曾指出："当经济关系要求自由和平等权利时，政治制度却每一步都以行会的束缚和特殊的特权同它相对立"，于是"摆脱封建桎梏和通过消除封建不平等来确立权利平等的要求提到日程上来"，"自由和平等也很自然地被宣布为人权"。② 恩格斯正是透过人权这一现象看到了其本质，即人权与经济的关系，所以人权是在现实的社会发展过程中产生的一种需要和愿望，并经过长期的努力和斗争逐步被认可。

另一方面，美国人权发展的历史也是对这一理论的否定。首先，美国独立前，作为英国的殖民地，人民并不享有自由平等权，直至美国进行资产阶级革命并建立资产阶级民主共和国，美国人才真正争得了人权。其次，美国 1787 年宪法虽然最先承认人权，但同时也确认了有色人种奴隶制，直到美国南北战争后美国黑人才获得人身自由的权利。最后，美国妇女和穷人也

① 参见董云虎：《西方人权问题的提出和演变过程》，《科学社会主义》，1991 年第 2 期。
② 《马克思恩格斯选集》（第三卷），人民出版社，1995 年，第 145、146 页。

分别是在 1920 年和 1964 年才取得选举权。这些足以证明，人权并非固有的，而是历史地产生的，无论美国人、美国黑人、美国妇女还是美国穷人，他们的权利都是经过长期的斗争而得来的，不是天赋的。

因此，**西方主张的"天赋人权"理论是站不住脚的，而且随着生产和科学技术的发展以及私有财产的出现，这种自由、平等的"天赋人权"必然会遭到破坏。**这种以抽象的人性论为基础的人权学说，把人权的来源归于造物主和人的自然本性，这种唯心史观的人权观在《世界人权宣言》制定时就受到社会主义国家代表的反对。

（二）主张人权只是个人的权利

西方人权思想历来重视个人权利。在文艺复兴运动中，当时西方资产阶级思想家与以"神"为中心的封建神学针锋相对，主张一切是为了"人"和人的幸福。如此，人文主义者不仅发现了"人"，而且得出了人性的自由和平等的结论，并进而指出人权的主体是"人"，人权的基本依据是"人的本性"。因此，从"人的本性"推导人的权利也就成为西方人权学说的基本思路，极大地推动了人权理论的发展与完善。对个人权利的重视无论对于当时的西方世界，还是对于现今世界都有着非常重要的现实意义，只有真正重视个人权利才能做到尊重人，才能在具体制度上确实保障个人全面而自由的发展。

个人权利应受到尊重和保护，但是不恰当地将个人权利放到

中心地位，甚至主张人权只能是个人权利，则曲解了人权的含义。① 也正是基于这一学说，西方坚持联合国人权文书，以及许多人权宣言和公约都必须使用"个人"来表述人权。例如，1948年《世界人权宣言》宣称："人人生而自由"，"任何人不得加以酷刑"，以及"每个人都有权享受社会保障"等。甚至有关保护少数民族权利的宣言也写成"关于属于民族、种族、宗教和语言方面处于少数地位的人的权利宣言"。这种规定明显是在强调人权并不属于少数作为一个整体的民族、种族等群体，而是属于少数群体中的个人。这种对人权的曲解是十分可怕的，将集体权利与个人权利对立起来，显然会误导国际社会对人权的认识。虽然集体权利与个人权利有时会出现不一致，但是我们不应将二者绝对对立，更不应将集体人权视作个人人权实现的障碍物。人的本质属性是社会性，人与社会不可分，个人的权利自然需要社会的理解和国家的保护，因此仅强调个人人权为神圣不可侵犯的主体，而将社会整体和国家权当作人权的客体是不合理的。

对于广大发展中国家而言，人权不仅包括个人权利和集体权利，还应当包括具有特殊意义的生存权、发展权和国家独立权。"生存权"这一概念是在 1968 年的《德黑兰宣言》中首次提出的，既是一种个人权利，又是一种集体权利。生存权于个人和民族或种族都有着极其特殊的意义，不仅仅是个人生命安全和生活保障的权利，还是一个民族或种族免受其他民族或种族迫害获得生存的权利。这一点对于发展中国家而言尤为重要，是免受其他国家政治和经济上压迫的权利，是其他人权得以存在和发展的基

① 参见范国祥：《怎样看待西方人权思想》，《中国党政干部论坛》，2003 年第 4 期。

础保障，因此从这个角度来看，**生存权是发展中国家的首要人权。**

发展权是世界发展中国家对人权理论的一个重大贡献，它丰富了人权的内容，推动了人权理论的发展。[①] 1970 年，联合国人权委员会委员卡巴·穆巴耶在题为"作为一项人权的发展权"的演讲中，明确提出了"发展权"的概念。其后，1979 年第 34 届联合国大会在第 34/46 号决议中指出，发展权是一项人权，平等发展的机会是各个国家的天赋权利，也是个人的天赋权利。尤其是经过发展中国家的坚持不懈的努力，联合国大会于 1986 年通过了《发展权利宣言》，明确指出发展权是一项不可被剥夺的人权，并认为发展机会均等是每个国家、每个民族和所有个人都应享有的权利。此后，1993 年的《维也纳宣言和行动纲领》又对发展权进行重申，将发展权更加全面化和系统化。虽然到目前为止，以美国为首的西方国家始终不承认发展权是国家或者民族的集体人权，坚持强调发展权仅仅属于个人，但是现在发展权作为一项人权事实上已经获得国际社会的普遍认可，反对将发展仅作为经济上要达到的一个目标这样一个提法。

最后是**国家独立权，既包括国家主权独立，也包括国家经济独立。** 美国和一些西方国家主张"人权无国界"，并据此认为各国和国际组织都有权对一国违反人权的情况进行干预。这种看法过于绝对，人权问题本质上是属于一国内部管辖的问题，虽然其也有国际性的一面。从经济独立的角度来看，一国虽然主权获得独立，但是如果经济上不能完全独立，就会使得政治上的独立失去物质基础，如此，也很难保障其他人权的实现。

---

① 参见何正欣：《论中西方人权观的基本分歧》，《党政干部论坛》，1999 年第 8 期。

（三）主张政治权利是人权的核心

20 世纪 70 年代，法国学者、联合国教科文组织前法律顾问卡雷尔·瓦萨克提出了一个关于人权划分的理论，即著名的三代人权的理论。按他的理论，第一代人权是 18 世纪欧洲人权运动中主张的公民的政治权利，其特征是人权需要国家的消极或者弃权行为来加以保障，因而通常被称为"消极权利"；第二代人权是受社会主义运动的影响而产生的，19 世纪末 20 世纪初，反抗压迫和剥削的社会主义运动提出经济、社会和文化权利，由于这种人权的实现要求国家采取积极的干预措施，因此被称为"积极权利"；第三代人权则出现在二战之后，内容包括和平权、发展权、环境权与人类共同遗产权等，由于这类人权涉及的人类共同生存所面临的问题需要通过国际社会的合作来解决，因此被称为"连带的权利"。① 通过对三代人权观念的梳理可以发现，三代人权是伴随着人类社会不断进步而对人权这一理论的充实，是符合历史发展潮流和趋势的。但是西方人权思想突出保护个人自由的政治权利，轻视经济权利，极端的观点甚至认为经济权利无法得到保障，因其无法衡量，因此一再强调政治权利的重要性。事实上，人权思想的产生有着特定的经济基础，即欧洲近代商品经济的不断发展，因而**西方人权漠视产生人权思想的经济基础，只讲政治方面的主导作用，盲目鼓吹个人自由才是经济繁荣和社会进步的动力，这一点是不符合历史事实的**。这一主张是意欲通过这样的

---

① 参见胡欣诣：《三代人权观念：源流、争论与评价》，《泰山学院学报》，2011 年第 4 期。

谎言掩盖有钱有势者通过经济手段统治社会的真相。

（四）主张人权的基础是普遍的

美国等西方国家主张人权的基础是普遍的，强调人权的标准是统一的，甚至不允许他国对人权有不同的解释，进一步把人权列为国际新秩序的主要内容之一，并且为了将自己的人权观强加给他国而极力鼓吹由他们自己所确立的人权标准是全人类的共同标准，这种人权观其实就是所谓的"普世人权观"。"普世人权"思想作为一种理论，最早由 16 世纪英国哲学家维多利亚提出，并在 20 世纪末的美国真正流行。自 20 世纪 70 年代中期开始，美国政府为谋取私利，正式将人权作为外交政策的工具进行广泛利用，但因人权外交在实践中屡屡碰壁，所以美国积极寻找新的理论以助其更好地推行人权外交。美国人发现，不同人权观的存在是阻碍其推行人权外交的主要原因，因此需要一种为世界普遍认同的人权标准，而这一标准就是"普世人权"思想。这一思想主要是以美国人权标准为其模式，因此也通常被称为"美国人权观"。不难看出，人权有着鲜明的政治性，它不是一个单纯的道德概念，也不是一个纯粹的学术概念。因为**"普世人权观念"的形成主要是美国为实现其霸权主义的产物，主要是为了把美国和西方的人权思想灌输给全世界，以消除这样一些国家在对人权的理解上与美国等西方国家的不同。**

虽然我们也承认在人权的一些基本观点上人们有共识，但不可否认的是，跨文化之间的人权观在很多方面都存在极大的差异。

如前所述，人权是历史地产生的，是与整个人类社会一定历史发展阶段相联系的，是具体、相对的，而非抽象、绝对的，也就是说，**任何权利的享受都必须处于一定的社会条件之下，任何离开具体社会条件的权利都是虚假的**。因此我们必须认识到各国国情、历史、文化以及宗教等条件的不同，并承认不可能存在一种统一的人权模式和标准，因为一旦忽视各国不同的基本国情，就必然会造成混乱，因为任何价值观的强加都是对被强加者的不尊重，这显然也是不公平的，所以应当允许不同文化观的存在，在拥有不同文化的国家里，在人权实践上的做法也是不同的，这往往是由各国的国情和历史文化所决定的。

与此同时，应当明确，西方人权观所赖以存在的理论是存在误区的：**首先，"普世价值"混淆了人权的普遍性与特殊性**。西方的"普世价值观"只承认人权的普遍性而否认其特殊性，但人权应该是普遍性与特殊性的统一。承认人权的特殊性并不必然要对人权普遍性原则加以否认，而应当是在人权普遍性的前提下，承认人权理论、人权观念与人权制度的多样性。因为人权的普遍性不是抽象的，它要通过人权的特殊性表现出来。**其次，"普世价值"混淆了人权的自然性和社会性**。在这种价值观的指导下，西方国家片面地理解人性，用人的自然属性否定人的社会属性，并从人性出发引申出人权，从而得出人权是普遍适用的，犯了片面性的错误，走进了形而上学的泥坑。[①] 人的基本特征是社会性，人必须在社会中生活，任何脱离社会的个人都无法生存，我们应当承认，不同的人对同样的事物会存在不同的看法。所以可以认

---

① 参见王建华：《中西方人权观的哲学辨析》，《福建省社会主义学院学报》，2005 年第 4 期。

为人权作为一种人应当享有的权利是以人本身的自然属性和社会属性为基础的。

因此，虽然西方认为只有按照西方资本主义发展模式，实行私有制为基础的自由市场经济和三权分立、多党竞争的议会民主，才符合尊重人权的标准，但是这种看法是武断的、绝对的。人权不是一句空洞的宣示性口号，而是普遍性与特殊性的统一。也正是因为如此，**中国始终认为，人权的理想、目标、价值、原则是普遍的，而实现人权的道路和模式却因各国国情不同而不同，各国只有从本国实际出发探索符合本国人民要求的发展道路，才能切实使人权事业取得可持续的进展。**

三、对西方人权话语的应对

人权问题是当代国际政治中一个重要问题，以《联合国宪章》和《世界人权宣言》为基础的国际人权法体系已经初步构建起来，人权已成为当今时代主题之一，并与发展、和平与安全之间联系密切。① 尤其是在冷战结束后以美国为首的西方国家着重利用人权问题在国际社会上大做文章，政界为配合其霸权主义的需要，还提出"人道主义干涉""人权高于主权"等口号，将人权变为西方外交的一张重要的牌，并积极开展"人权对话"来灌输西方的人权观。事实上，这些观点不仅是对国际人权问题的大肆渲染和曲解，更是为西方干涉发展中国家内政寻求了所谓的理

---

① 参见郭日君：《人权：当今时代主题及我国的应对》，《广州大学学报》（社会科学版），2013 年第 1 期。

论依据，这对广大发展中国家而言是十分危险的。中国作为发展中国家应当对此问题予以高度重视，这也为我国在人权领域的发展提出了两个方面的任务：一方面，在已有的基础上，继续加大力度助推我国人权事业在新的时代背景下更加健康地发展；另一方面，继续加强中国与国际社会的人权交流与合作，汲取西方国家国际人权领域有益成果的同时真正发挥大国作用，为更加合理的国际人权秩序的构建做出贡献，并积极应对来自西方国家的人权挑战。针对西方人权话语的基本策略，我们有以下三点建议。

（一）全面肯定人权，但是生存权和发展权是首位

从马克思主义历史唯物主义的立场来看，人权就是人的基本的社会权利，是一个内容非常丰富的概念，不仅包括公民的政治权利以及社会、经济、文化和其他社会生活方面的基本权利，还包括对于发展中国家而言有着特殊意义的生存权与发展权等人身权利。

中国并不否定人权，相反我们是全面肯定人权的，我国一贯承认和尊重《联合国宪章》《世界人权宣言》和国际人权公约所确立的一系列人权基本原则，积极支持联合国采取行动对国际上大规模践踏人权的恶行进行制裁。但是同时，我们认识到了人权是具体的而非抽象的，因此认为作为人的基本社会权利的自由和人权，是体现在具体的政治、经济、思想、文化以及其他社会生活领域之中的，因而也就要这些具体领域中的社会关系的制约。另外，我国在尊重人权普遍性原则的同时也坚持普遍性原则必须与各国国情相结合。也就是说，我国所积极追求的人权是具体的、

相对的，而非抽象的、绝对的，其实现与一国的政治、经济、历史、文化和整个社会的发展水平有着密切的关联性，是以所有这些社会条件为基础的，**因此实现人权的根本途径是经济发展和社会进步**。自改革开放以来，中国共产党领导中国人民以经济建设为中心，大力发展社会主义物质文明和精神文明，建设中国特色社会主义，就是要从根本上解决中国人民的生存权、发展权问题，这种坚持从自身国情出发的人权观于中国而言有着极其重要的价值。因为只有以经济建设为中心，才能为人民生存和发展创造必需的物质条件，也才能使人民享受真正的人权，实现人的全面而自由的发展。

（二）主权高于人权

"人权高于主权论"是自20世纪90年代以来在美国等西方国家受到重视的一种新的理论，现在已经构成了西方人权理论的一个重要组成部分，而且渐渐成为西方推行霸权主义、干涉别国内政的一个重要理论根据。西方宣称的"人权高于主权"理论主要有三方面内容：第一，人权无国界，虽然人权在历史上曾经是一国内部管辖的事，但是随着国际人权运动的产生和发展，人权不再纯粹是一国的事务，并认为不干涉内政的规定不适用于人权问题；第二，国家主权应当受到限制和弱化，因为主权是独裁国家的领导人用以维护个人权力的借口，对其进行弱化有助于改善这些国家中大多数人的政治状况；第三，为人权目的而干涉他国内政是合法的，即所谓的人道主义干涉合法。明确提出人权国际保护战略的一个重要部分就是人道主义干涉。

但是**中国始终坚持强调要真正做到保障和促进人权，就必须维护国家主权，反对任何以人权为借口对别国内政进行的干涉，并主张在人权问题上各国应做到相互尊重，互不干涉内政，同时加强对话**。人权是以国家主权的存在为前提的，从国际关系来看亦是如此，因为一国想要维护本国人民人权的先决条件就是享有国家主权；各国之间进行人权合作的基本前提也是尊重别国主权，任何破坏和不尊重一国主权的行为都会使人权遭到国际性侵犯，同时也会阻碍国际领域的人权合作，而这既是国际关系发展历史的经验教训，也体现了《联合国宪章》的基本精神。事实上，20世纪五六十年代殖民地人民争取民族自决的人权运动，就是一种争取和维护主权的运动。人权高于主权的理论把人权与主权抽象地对立起来，不符合历史与客观现实。[①] 因此，我们在承认国际保护和国际合作对一国人权保障的实现中的重要作用的同时，更应该重视人权的国内管辖，这三者应该是三位一体的，且都必须以"主权"和"主权平等"为基础。因此，正如有学者所言："在人权与主权的关系上，正确的立场应当是：维护人权，尊重主权，反对霸权。"[②]

（三） 强调第二代和第三代人权的重要性

形成于欧洲思想启蒙运动并于美国和法国资产阶级革命时期

---

① 参见张晓玲：《论人权与主权的关系》，《人权》，2014 年第 4 期。
② 董云虎：《论国际关系中的人权与主权关系——兼驳"人权高于主权"谬论》，《求是》，2000 年第 6 期。

达至高潮的第一代人权观念在美国《独立宣言》和法国《人权宣言》中都有所体现，这一观念主要是强调公民权和政治权利，也是西方国家主要推崇的一项人权观念。但是西方国家对第二代和第三代人权则持怀疑甚至否定态度。具体而言，他们认为，第二代人权所代表的经济、社会和文化权利并非人权，第三代人权所主张的集体人权也不是人权，只有政治权利和公民的个人权利是最重要的人权，甚至极端地认为是唯一的人权，把尊重每一个人的思想、行动自由作为人的权利的唯一标准。与之不同，**我国的人权观一直是强调第二代和第三代人权的重要性，认为人权的内容是丰富多样的，我们所理解的人权不仅包括第一代人权即政治权利，而且包括社会经济和文化权利，同时，既包括个人权利也包括集体权利。**

应该认识到，人不是抽象的，而应该是处于具体社会条件下的人，是属于特定文化共同体之中的人。这就表明，我们不能离开人所身处的社会历史环境和其所属的特定团体来空谈抽象人权。另外，就其理论支撑而言，作为第二代和第三代人权观念理论支撑的马克思主义、社群主义等的确比作为第一代人权观念理论支撑的自由主义要深刻得多。我国的人权观一直强调个人与集体、社会、国家之间的关系，个人利益应当服从集体、社会、国家的利益：一方面，提倡在集体利益与个人利益之间发生冲突时，个人要顾全大局，以集体利益为重；另一方面，也强调集体必须尽可能保障个人正当利益得到满足，实现对个人尊严和价值的维护。

第十二讲

如何充分认清历史虚无主义的实质与危害，以客观科学、实事求是的态度对待历史事实？

如何看待 1840 年鸦片战争以来一百多年的中国历史，实际上关系怎样看待当今中国所选择的社会制度和社会发展道路。近年来，中国近现代史和中共党史的研究取得了许多有价值的成果，这有助于人们更好地了解过去，从而更加珍惜当下。与此同时，社会上也时常出现一些与主流观点相异的历史虚无主义论调，对此不能等闲视之，必须引起高度重视。

一、何为历史虚无主义

对于本问题的研究，首先遇到的难点是"历史虚无主义"这个概念如何界定。有研究者认为，历史虚无主义顾名思义就是虚无、否定历史。[①] 也有研究者认为，历史虚无主义通过消解和解构历史，否认一些人们已经普遍接受的事实，强调历史是一种可以随意涂鸦的"空"或"无"。因此，历史虚无主义的本质是历史唯心主义，是对历史唯物主义的背叛。[②]

亦有研究者认为，历史虚无主义以其特有的方式来"重评"历史。从历史观看，历史虚无主义否定唯物史观及其对历史研究的指导意义，主张用历史选择论替代唯物史观，用人性论取代阶级论。从价值取向看，历史虚无主义宣称"价值中立"，要以

---

① 参见方艳华：《历史虚无主义思潮的演进及重新泛起原因论析》，《吉林师范大学学报》（人文社会科学版），2011 年第 6 期。

② 参见高奇琦、段钢：《对历史的自觉自信是抵制历史虚无主义的基石》，《求是》，2013 年第 1 期。

"超然的客观主义态度"研究历史，但却把西方社会发展道路预设为"人间正道"，把现代化预定为"西化"，以此为圭臬衡量中国近现代历史中的是与非。从方法论看，历史虚无主义不是从既有事实出发，而是根据一些历史现象的表面特征和按图索骥寻得的零星历史材料，主观臆断历史的发展和可能的结局；不是把历史事件、人物、制度、思想等置于历史场景中加以分析，而是脱离特定历史条件，作非此即彼的评判；不是从整体上、从联系中去把握历史事实，不是从各种错综复杂的关系、各种因素相互作用中把握主要的历史线索，而是乐于以点概面、以偏概全。①

还有研究者认为，历史虚无主义是后现代主义史学思潮的表现形式。在后现代主义者看来，历史学家的主体性与历史事实之间不是历史认识主体与历史认识客体之间的关系，而是彼此融为一体，即融合在"历史叙述"的实践之中。在历史叙述之外，不存在任何客观历史。从后现代主义史学理论出发，历史不过是"那些稍纵即逝"的、没有内在联系的"事件"的堆积；通过"解构"宏大叙事，可以"碎化"历史。这样，后现代史学观就把令人敬畏的历史研究变成了"玩历史"。②

对于历史虚无主义的表现，有研究者将其概括为如下三个方面：一是提出否定革命、"告别革命"的主张，认为革命只起破坏性作用，没有任何建设性意义。二是把五四运动以来中国选择社会主义发展方向，视为离开所谓的"以英美为师"的"近代文明的主流"而误入了歧路；宣称经济文化落后的中国没有资格搞

---

① 参见杨军：《历史虚无主义虚无了什么?》，《中国社会科学报》，2013 年 1 月 25 日。

② 参见于沛：《历史不容虚无》，《求是》，2013 年第 6 期。

社会主义，新中国成立以后搞的不过是小资产阶级的空想社会主义。三是用攻其一点、不及其余的方法歪曲中国共产党的历史，否定或掩盖它的本质和主流，把它说成是一系列错误的延续。①

也有研究者将历史虚无主义的特征概括为五个方面：一是否定和歪曲中国革命的历史，否定五四运动以来中国对社会主义道路的选择；歪曲中国共产党领导的革命和建设的历史，把它说成是一系列错误的延续，否定或掩盖它的本质和主流；更有甚者，随意丑化革命领袖和先贤烈士。二是刻意导演和假设历史，用"现代化史观"取代"革命史观"，人为地把革命和现代化对立起来。三是打着"还原历史"的幌子，大做翻案文章，为已被历史淘汰的旧势力评功摆好。四是"戏说""恶搞"历史，通过各种方式对历史人物和历史事件进行肆意戏说，对中国百年历史中的仁人志士、革命先贤进行调侃、讥笑和贬损，用主观臆想去改写中国历史。五是追求所谓的"价值中立"和"纯客观"。②

历史其实就是人类以往的活动，既然已经发生就无法否定。历史是丰富多彩的，但其中每一个事件、每一个片断、每一个情节，只能有一种事实，即是说，**历史的真相只有一个**。由于以往的活动随着时间的推移成为过去，成为人类的记忆，这就存在一个如何对历史加以真实记载、对历史事件与历史人物进行客观评价的问题。

问题的复杂性在于，虽然人类以往的活动留下许多实物、文字记录或亲历者的记忆，这些都是历史研究的素材，或为历史学

---

① 参见梁柱等：《警惕历史虚无主义思潮》，《光明日报》，2005 年 3 月 15 日。
② 参见梅宁华：《旗帜鲜明地反对历史虚无主义——辛亥革命百年回眸》，《决策与信息》，2011 年第 10 期。

探讨与使用的对象，但历史活动是一个宏观而立体的整体，人们在研究历史时无法对全部历史过程加以复制和完整再现，这就存在一个史实的选择问题。因为以往的历史活动不可能不加选择地被全部载入历史著述当中，而史实的选择又与历史研究者所持的立场直接相关。至于对历史事件与历史人物的评价，更有可能带上历史研究者的主观色彩和烙印。因此，**历史本身是客观的，但在研究历史和叙说历史时却存在如何使主观与客观相一致的问题。**

毫无疑问，作为真正的历史研究，必须秉持客观的立场，使用能够如实反映历史真实的史料，使历史研究与对历史问题观点的表达符合历史的真貌，客观公正地评价历史事件和历史人物，特别是应当将历史事件、历史人物、社会制度等置身于历史发生的特定时空环境下进行考察，而不能为了某种需要任意裁剪史料，更不能编造史料，也不能以主观臆想作为评判历史的标准。**尽可能地使主观与客观相一致是历史研究的基本要求，探求历史的真相、反映历史的真实、客观总结历史的经验教训是历史研究者的职责。**

所谓历史虚无主义，是用非历史主义的态度对待和阐释历史，对历史事件与历史人物作出主观而非客观、以个人好恶为标准，或带有某种政治目的的评价。历史虚无主义并不是真正为探寻历史真相和历史规律去研究历史，而是带有很强的功利性与目的性，历史虚无主义者对历史的虚无与否定具有很强的选择性。从这个角度看，历史虚无主义是历史唯心主义的一种表现形式，**其本质是歪曲或曲解历史。**

需要说明的是，对于社会上出现的历史虚无主义观点与论调，必须根据不同情况加以区分。当下中国社会普遍存在浮躁的风气，有的人不一定有明确的政治诉求或政治目的，但为了标新立异、一鸣惊人，产生轰动效应，通过提出某些与传统观点、主流观点相异的带有历史虚无主义色彩的所谓新观点，往往更能吸引人们的眼球，引起社会的关注，以达到自己扬名于世的目的。如有人声称，在整个 20 世纪的中国找不到"一个无懈可击的作家"，没有一个人"让我们从内心感到钦佩""能成为我们精神上的导师"……总之，"20 世纪中国作家总体人格形象不佳"，也没有一部经典作品，使"我们生活在一个没有经典、没有大师的荒芜的世纪里"。这样的观点虽然带有历史虚无主义色彩，但更多是不潜心学术研究的故作惊人之举。史学研究领域的某些"翻案"文章也存在这种情况。至于一些影视作品"戏说""恶搞"历史，有的是缺乏应有的历史知识胡编乱造，也有的是为了娱乐观众、增加收视率，虽然客观上起了歪曲历史的作用，但不一定有明确的政治意图。当然，也有个别人企图改变现存的社会制度与政党制度，他们从苏联解体中得到某种启发，认为要搞臭执政党最好的方法是搞臭它的历史，要改变现存的社会制度最好论证这种制度在选择之初就是根本错误的，于是借助历史问题丑化、矮化中国共产党的形象，否定中国特色社会主义道路。

历史虚无主义逐渐成为一种不能被忽视的社会思潮，应当说是近一二十年的事情。其背景是随着改革开放的深入，我国的社会环境日渐宽松，单一的公有制转变为多种所有制共同发展，西方的各种社会思潮被介绍或传入进来，这就难以避免地带来思想的多元化，产生某些与传统主流意识形态相异的思想观点。同时，近二十年来互联网飞速发展，网络的普及为人们发表自己的意见和主张提供了前所未有的平台，也为各种思想观点的迅速传播提供了便利条件。在没有互联网或网络不发达的情况下，报刊、书籍、电台、电视台是主要的媒体形式，这便利于舆论的引导与掌控，到了网络时代客观上已经无法控制与主流意识形态不同的观点发声。如在没有网络这种新媒体的时候，港澳台地区出版的某些与大陆主流意识形态相异或对立的出版物，在大陆的传播范围有限，而现在其电子版容易上传并迅速传播。这种情况也在一定程度上扩大了历史虚无主义观点的社会影响。一些历史虚无主义观点由于与主流意识形态相异，容易引起社会的关注，亦容易引起某些对现实不满、对执政党不满者的共鸣，从而消解主流意识形态对历史问题的正面宣传，引起思想的混乱，引发社会的不稳定因素。这也正是要对历史虚无主义保持警惕的原因之一。

同时也应看到，在党的十一届三中全会召开之前，在历史问题的教育、宣传与研究中，也确实存在某些简单化、片面性的问题，如忽视太平天国运动和义和团运动的历史局限，对洋务运动没有给予应有的评价；只宣传中国共产党在抗战中的作用，而不提国民党正面战场对抗战也做出了贡献；对历史人物的评价脸谱化，等等。改革开放后，随着历史研究的深入和新史料不断被发现，以及境外相关历史著述的传入，人们发现历史的真实情形竟然与原来的宣传有很大的不同，从而使一些人对传统的历史观点产生了怀疑，为历史虚无主义提供了可乘之机。一些错误观点出现之后，正面的宣传引导又没有及时跟上，尤其是没有拿出能够有力回应、有说服力的研究成果，从而使历史虚无主义有了一定的市场。

今天的历史是昨天的现实，今天的现实在明天又变成历史，历史与现实其实是不能割断的，因此"今天的中国是历史的中国的一个发展"①。如果当年以革命的方式所选择的社会制度不适合中国国情，当年以毛泽东同志为主要代表的中国共产党人不是为民族独立、国家富强而是为一己私利而奋斗，那么当下自然有充分的依据可以不必再坚持中国共产党的领导和社会主义制度，这也正是某些历史虚无主义者所要达到的目的。所以对历史问题持什么样的态度，不是一个简单地如何看待过去的问题，更是一个如何看待今天的问题。

二、若干有代表性的观点

历史虚无主义最突出的表现就是美化外来侵略，夸大革命的负面作用，曲解与诋毁中国共产党的历史，丑化与矮化中共领袖人物，借所谓历史问题来发泄其对现实的不满，实际上是另一种形式的影射史学。笔者在此试图就此列举若干有代表性的观点：

一是如何看待近代以来的外来侵略。自 1840 年鸦片战争以来，中国屡遭外国资本（帝国）主义的侵略，由一个封建社会演化为半殖民地半封建社会。曾有人撰文说："鸦片战争是西方列强以武力作凭借对中国进行的侵略，这是毫无疑义的。但是，是

---

① 《毛泽东选集》（第二卷），人民出版社，1991 年，第 534 页。

否又应该说，西方的大炮也是一身兼二任，它既是在野蛮地侵略中国，又是在强迫中国这个老大帝国走出封闭，走出中世纪，走向现代化。"因此，鸦片战争"是用侵略手段来达到使中国向世界开放的目的。自然，这是一种不平等基础上的开发，充满着民族的屈辱，但无论如何，从这时起中国又一次开始走向世界，并逐步走向现代化"。"从某种意义上来说，是鸦片战争一声炮响，给中国送来了近代文明。"① 更有人提出："必须重新看一看二十世纪上半叶的历史。尽管大西洋宪章、布雷顿森林会议都已经过去，并随着苏联和柏林墙而一起解体、坍塌了，但它的民主观念和自由贸易思想依然左右着人们。我曾开玩笑说过，如果当时执行一条'孙子'战略（不是《孙子兵法》的'孙子'，而是'爷爷孙子'的'孙子'），随便搭上一条顺风船，或许现在的中国会强盛得多。比如追随美国，可能今天我们就是日本。"②

二是如何看待近现代史上的革命。1995 年，李泽厚与刘再复所著的谈话集《告别革命——回望二十世纪中国》在中国香港出版，随即在社会上引起了很大的反响，同时它也被认为是历史虚无主义的代表性观点。该书以二人对话的形式，阐述了他们反对暴力革命和群众运动的立场：我国 20 世纪就是革命和政治压倒一切、排斥一切、渗透一切，甚至主宰一切的世纪。20 世纪的革命方式确实给中国带来很深的灾难。革命，常常是一股情感激流，缺少各种理性准备。革命"激情有余，理性不足"。该书认为，历史总是提供革命与改革两种选择的可能性，不是一种可能性。

---

① 郑焱：《打破束缚，更新观念》，《学术研究》，1994 年第 4 期。
② 李慎之：《从全球化视点看中国的现代化问题——在"重估中国现代化"主题研讨会上的发言》，《战略与管理》，1994 年第 1 期。

而中国一百年来，从辛亥革命开始总是选择暴力革命的办法，并把它视为唯一合理的办法。但是历史经验证明，这种办法付出的代价过于惨重，后遗症太大。如果 21 世纪没有那么多革命，社会各方面因无人管理、无序混乱、传统毁弃、动荡不安而带来的各种破坏和损失一定小得多。因此要改良不要革命，解决阶级矛盾可以是阶级调和、协商互让，进行合作，即改良而非革命，因而要告别法国大革命、十月革命、辛亥革命，以及一切革命。要说明的是，李、刘二人虽然是从评价历史上的革命立论，但宗旨还是反对现在和未来的革命。他们说："我们的告别，并非否定以往屡次革命的理由和它所起到的历史作用。但是，我们否定'革命神圣'的观点，否定革命乃是历史必然的观念。"①

三是如何看待国共两党在抗战中的地位与作用。一段时间以来，网上曾流行一篇题目为"谁是抗日的'中流砥柱'？"的帖子，产成了很大的反响。概括来看，这篇帖子的主要说法有二：其一，国民党在抗战中的牺牲比共产党大，"国军将领阵亡 206 人，而共产党方面仅有左权将军一人""国民党军队伤亡 341 万，共产党军队伤亡 61 万"；其二，国民党的战果比共产党辉煌，"有 126 名日军将领在和国民党军队作战中阵亡；另有 3 名是死于跟八路军的作战，包括阿部规秀中将""国民党军队在正面战场组织了 22 次大规模战役，1117 次重要战斗，38 万多次小规模战斗……而共产党自我吹嘘了半个世纪的抗战功绩，仅有平型关和百团大战而已。中共以前一直宣传说'平型关大捷歼敌一万多'，

---

① 李泽厚、刘再复：《告别革命——回望二十世纪中国》，香港天地图书有限公司，1997年，第 361 页。

近年才悄悄改为一千多人。而日本军史记载，此战日军仅伤亡二百多人，损失运输车 140 多辆。而彭德怀组织的'百团大战'，却受到毛泽东的严厉批评，认为此举帮助了蒋介石，暴露了共军实力，违背了中共当时制定的'七分自我发展，二分妥协，一分抗日'的内部指示（1937 年 8 月中共洛川会议秘密决定）"。该文最后写道："通过这些数字对比，人们可以很清楚地看到，谁是抗日战争的主体力量。因为如果共产党是中流砥柱，它怎么可能伤亡人数少、阵亡将领少、消灭日军数量少、击毙日本将领人数少、组织的战役少？"①

四是如何看待土地改革运动。近些年来，社会上开始出现一些对土地改革的不同评价。2010 年第 8 期的《书屋》杂志发表一篇题为"地主：一个百年难尽的话题"的文章，其中写道：地主在那个社会不是完全阻碍社会发展的力量，他们本身有许多积极因素。当年地主将土地出租，解决了贫苦农民的就业问题，与资本家办工厂给城市贫民提供就业机会，与当今外资进入中国解决城乡富余劳动力的就业问题是一码事。地主收租是土地投资的回报与工商企业利润提成是资本的回报同样是一码事。而土地改革的结果，"流氓、地痞、盗贼这些人在'土改'中跻身'干部'队伍，使农村基层领导彻底恶质化"②，成为新中国成立以来农业生产长期搞不好的根源。还有一些网络博文提出要为地主"平反"。如有博文说："土地改革的实质是剥夺中国存在近两千年的士绅阶级的合法财产，无偿得到了土地的混混和无赖抽大烟的自

---

① 《谁是抗日中的"中流砥柱"？》，http：//www.avi.com.cn/bbs/read.php？tid—103396.html。
② 王宏任：《地主——一个百年难尽的话题》，《书屋》，2010 年第 8 期。

然要跟着共产党闹革命了。"还有人在网上发表公开信，"呼吁中共拿出勇气面对土改的历史错误，还地主及其后代以公道"，并且认为中国农村的贫困和中国共产党的土改有着直接的关系。当年农村的地主其实是乡土中国的精英，用现在的话说，至少也都是"种田能手"。对他们的斗争和剥夺从表面上看是把土地"公平"地分给了农民，但实际上严重破坏了中国农村的生产力。更有人认为，"土改是中国历史上的第一大冤案，也是世界史上的第一大冤案，它严重违背了人类历史的基本规律及人性价值"。还有网文认为，地主其实是当时农村先进生产力的代表，地主集中土地，更有利于农业的集约经营和规模化生产，能比将土地分散给农民耕作更有效率，更有利现代农业的发展。

五是如何看待 20 世纪 50 年代的社会主义改造问题。有人认为，20 世纪 50 年代的社会主义改造，根本不是搞早还是搞晚了，搞快了还搞慢了，形式多样还是简单划一的问题，而是该不该搞、要不要搞的问题，是有没有积极意义的问题。社会主义改造超越了中国的社会发展阶段，如何过渡到社会主义社会，毛泽东与斯大林一样犯了超越历史阶段的"左"倾错误。他们都想跳过资本主义，直接进入社会主义。他们都以为运用党掌握的政治力量、政治手段，可以推进生产关系的改造，并不顾生产力的发展就能进入社会主义和共产主义。党的十一届三中全会后在农村推广包产到户，允许个体经济和私营经济存在和发展，证明当年进行社会主义改造是根本错误的。还有人认为，现在的社会主义初级阶段实际上就是当年新民主主义社会的回归，只不过名称叫作社会主义初级阶段罢了。亦有人主张中国发展到现在，已有许多现象用中国特色社会主义理论无法解答，而新民主主义理论则可以对这些社会现象作出合理的解释，因此要"再举新民主主义的大旗"①。

六是如何看待党的十一届三中全会前社会主义建设的失误。1956 年社会主义改造基本完成后，在探索中国自己的社会主义建设道路的过程中，确实出现过严重的失误，如 1957 年"反右派斗争"的扩大化，1958 年"大跃进"和人民公社化运动，以及 1966 年至 1976 年的"文化大革命"。对于这些问题，1981 年党的十一届六中全会通过的《关于建国以来党的若干历史问题的决议》已经作了符合实际的历史结论，但近来也有人提出了一些与主流观点相异的看法。如有人认为，1957 年的整风运动就是为了"反右派"，一切是早就"策划于密室"，"毛泽东需要把那些蚂蚁们请出来，然后聚而歼之。他的法子便是让大家都来鸣一鸣，名曰给共产党提意见，帮助共产党改正错误，实际上是来一次全民性的政治排队"②。又如对于 1959 年至 1961 年经济困难的原因，刘少奇早在 1961 年就强调是"三分天灾、七分人祸"，但有人认为根本不存在天灾的因素，不论与其他任何灾年或是常年比较，1959 年至 1961 年三年困难时期全国的气候都可以说是天公作美，甚至可以说是"历史上的最好时期"，"所谓'三年自然灾害'的神话该结束了"。③ 亦有人提出："为了给政府和中央领导人的集体性的、几乎不可饶恕的严重错误开脱，宣传机构编出了'三年

---

① 《张木生：再举新民主主义大旗》，《南方人物周刊》，2011 年第 37 期。
② 转引自朱地：《1957：大转弯之谜——整风反右实录》，山西人民出版社、书海出版社，1995 年，引言第 1 页。
③ 金辉：《风调雨顺的三年——1959～1961 年气象水文考》，《方法》，1998 年第 3 期。

自然灾害'这个假话，以便把人祸解释成天灾。这个说法是中共建国以来的一个最大的谎言。"①

七是如何评价毛泽东的历史地位。有人认为，新中国成立后的毛泽东"是打着社会主义的幌子，搞专制独裁，搞世袭制和家天下"。"毛泽东一心想造原子弹、氢弹，与苏美争霸，扬威世界，成为第三世界领袖。"② 还有人说："毛泽东最初提出的那些主张非常吸引人。但是现在看来这些政策，即使主观上不是欺骗，客观上的确就是欺骗。"③ "除了抗战头两年共产党的军队打过几次抵抗日本军队的仗，从 1939 年以后就没有打过一场稍微大一点的仗。共产党的主要精力放在扩大解放区，培养自己的武装力量。这时候是中华民族生死存亡的关键时刻，毛泽东放着日本人不打，打自己的小算盘，准备胜利后摘果子。他确实做到了。"④

三、几个相关问题的简要辨析

上面提及的七种观点，在很大程度上是不依据史料分析而得出的结论。如其中的搭乘"顺风船"论和"告别革命"论，都是以对历史的假设为前提，问题是西方列强出于自身的利益能把中国捎上他们发展的"大船"吗？革命既然已经发生又怎样去"告

---

① 王维洛：《天问——"三年自然灾害"》，[美]《当代中国研究》，2001 年第 1 期（总第 72 期），转引自百度文库。
② 辛子陵：《红太阳的陨落——千秋功罪毛泽东》，香港书作坊，2007 年，第 3、4、385、748 页。
③ 茅于轼：《对毛泽东的再认识》，参见天则经济研究所网茅于轼专栏。
④ 茅于轼：《把毛泽东还原成人——读〈红太阳的陨落〉》，参见天则经济研究所网茅于轼专栏。

别"？单凭几次战役与双方阵亡将领的比较，而没有对国共两党抗战的历史进行全盘考察，又怎能由此否定中国共产党在抗战中的作用？如此等等，**只要对历史进行认真深入的研究、坚持论从史出者就不会得出如此武断的结论。**笔者拟就其中的几个问题作一点简要的辨析。

（一）革命能否"告别"

"告别革命"论的基本观点是如果当年不进行革命而是改良，就可以避免革命带来的流血，也避免革命之后仍搞阶级斗争。毫无疑问，如果以不流血的、和平的方式，或曰改良的方式，能够实现民族独立、国家富强和人民幸福，自然没有必要非得进行暴力革命。**问题是当年的革命恰恰是在改良无法实现上述目标的情况下发生的。**晚清以来，改良一直是那个时代的人们解决社会问题的首选方法。孙中山选择革命之前，就曾希望以改良的方式实现自己的政治理想；早期中国共产党人在走上革命道路之前，也有不少人赞成"科学救国""教育救国""实业救国"。革命都是他们对改良失望后的选择。

革命之所以发生，自然离不开少数革命家的组织、动员、宣传和鼓动，但最初的革命家总是少数人，如果单凭他们之力，革命难以成为社会大潮，更难以成为实现新旧政权更替的方式。最重要的是，**革命者的身后有一大批他们能够影响与带领的民众，这些民众才是革命的基本力量。**没有民众参与的革命是很难想象的。辛亥革命以前，孙中山领导的革命党人曾多次制造刺杀、爆炸等事件，虽然也给清政府造成了很大的震动，但没有从根本上动摇其统治。以武昌起义为标志，辛亥革命成为一次群众性的革命运动，终于推翻了清王朝。

俄国十月革命和五四运动之后，有一部分中国知识分子决定"以俄为师"，提出要走十月革命的道路。这是一条实现社会主义的道路，也是一条通过暴力的方式实现革命目标的道路，但他们在整个知识分子群体中毕竟只占少数。中国共产党成立的时候，全国只有五十多名党员，到 1924 年国共实现第一次合作的时候，也不过是四百多名党员，实事求是地说，当时中国共产党在国内政治生活中的影响力还很有限。第一次国共合作之后，很快迎来了大革命的高潮，工农运动在中国南方迅速兴起，北伐战争势如破竹，中国共产党自身的力量也得到很大发展，到 1927 年党的五大时全国党员已达五万余人。1927 年国共关系破裂之后，国民党由革命转向反革命，中国共产党一度元气大伤，由革命高潮时的近六万人急骤减少到一万余人，但此后中国共产党得以恢复发展起来，到 1933 年又一度发展到近三十万人，并建立了若干农村根据地。中国共产党之所以有如此强大的生命力，其中自然有诸多的原因，但**最根本的是中国共产党得到了生活在社会底层的劳苦民众的支持。**

那么这些民众为什么能支持中国共产党，能参与其领导的革命呢？要知道，革命是同当时统治力量的公开对抗，这种对抗的后果往往有一大批的革命参与者流血甚至牺牲生命。生命对于任何人都是宝贵的，但为什么在革命过程中有那么多的人不怕流血，甚至不怕失去生命而义无反顾地投身到革命中来，其中有少数革命组织者、领导者确实出于他们的信仰，但对于大多数革命的参与者而言，更多的还是因为残酷的现实使他们除了参与革命之外无法改变所处的政治、经济地位，而他们革命前的这种状况，不能保障他们基本的生存权利与作为一个人的基本尊严。列宁曾经论述过革命的一般规律："只有'下层'不愿照旧生活而'上层'也不能照旧维持下去的时候，革命才能获得胜利。"他还说："一切真正的革命的标志，就是在以前不关心政治的被压迫劳动群众中，能够进行政治斗争的人成十倍以至成百倍地迅速增加。"①

无须说，统治者无法继续统治下去，前提是被统治者无法继续生存下去。外敌入侵不但损害了民族尊严，甚至毁坏了人们的家园，剥夺人们的生存权利，不抵抗只能国破家亡。为什么中共领导的主要革命没有发生在城市而是在乡村，而且大片的根据地没有开辟在长江三角洲、珠江三角洲这样经济相对发达的农村，而是井冈山、赣南、闽西、大别山、秦巴山、陕北这样的落后地区，革命的主力不是城市的产业工人而是农民？一个重要的原因是，工人和城市游民虽然生活在城市的底层，但他们的生活状况要好于他们刚刚离开的乡村社会。亨廷顿在他的《变化社会中的政治秩序》一书中说："从农村到城市的移民显示了地理上的流动性。总地来说，通过迁居城市改善了自己的生活条件。在城市的经济状况与过去的状况相比较，移民便产生'一种相对有所获的感觉。即使他们仍处在社会阶梯的底部，这种感觉也会产

---

① 《列宁选集》(第四卷)，人民出版社，1995年，第193页。

生'。"① 同样，长三角、珠三角这些商品经济相对发达的地方，农民的生存条件总体要好于赣南、闽西等落后农村。1930 年 5 月，毛泽东在江西寻乌调查时了解到，寻乌农村的剥削形式分为地租剥削、高利贷剥削和税捐剥削三类。高利贷剥削有多种方式，如钱利、谷利、油利等，其中谷利是"富农及殷实中小地主剥削贫农的一种最毒辣的方法"，六个月乃至三个月就要付百分之五十的利息。贫农还不起债，或生活不下去了，就只有最后一条路：卖奶子（即卖亲生子）。毛泽东在《寻乌调查》中写道："我就是历来疑心别人的记载上面写着'卖妻鬻子'的话未必确实的，所以我这回特别细问了寻乌农民，到底有这种事情没有？调查的结果，那天是三个人开调查会，他们三个村子里都有这种事。"所以毛泽东说："旧的社会关系，就是吃人关系。"② 这就不难解释为什么中国共产党能在这样的地方扎下根，并且能够组织动员众多的农民参与到革命当中来。

很难设想，如果广大农民生活小康、日子安逸、温饱已经解决甚至衣食无忧，还能够参加中共领导的革命。"如果没有农民便没有革命，那么，关键问题是，究竟是什么把农民变成了革命者？如果造成农民反叛的条件可以通过改革来得到改善而不使之恶化，那么，就存在着某种和平的社会变革的可能性，而不一定非发生暴力动乱不可。"③ 因此，革命从根本上讲不是革命的组织

---

① ［美］塞缪尔·P. 亨廷顿：《变化社会中的政治秩序》，王冠华、刘为等译，沈宗美校，生活·读书·新知三联书店，1989 年，第 255 页。
② 《毛泽东农村调查文集》，人民出版社，1982 年，第 147、150、153 页。
③ ［美］塞缪尔·P. 亨廷顿：《变化社会中的政治秩序》，王冠华、刘为等译，沈宗美校，生活·读书·新知三联书店，1989 年，第 296 页。

者、领导者策动、鼓动的结果，而是社会矛盾尖锐的结果。**当年革命之所以发生，最根本的原因是有相当多的民众已经无法按照原有的方式生存下去**。试想，当有一部分人生存都发生困难的时候，革命对他们来说也就成为改变命运的选择。**要"告别革命"，前提是告别经济上的贫穷、落后，政治上的专制、独裁，实现民族独立、国家富强与人民幸福**。改良的方式或许也能够实现这样的目标，而且可以避免革命产生的流血与社会的动荡，问题是中国农村的贫困使广大农民无法继续忍受，他们需要解决当下的生计问题。革命是有代价的，它不但会带来流血牺牲、社会动荡，而且在革命的过程中可能在一段时间内造成对生产力的破坏，但革命的终极目的是解放和发展生产力，如果不革命，人们基本的生存权利都无法得到保障，革命其实是社会矛盾无法调和的产物。因此，在革命已经进行若干年后的今天，再去"告别革命"只能是否定当年革命的积极与进步意义，因为革命已经成为既成事实。当年革命给当下的历史启示是，当下或未来如何避免暴力革命再度发生，从这个意义讲，可以说必须"告别革命"。这就是需要不断化解社会矛盾，使全社会各阶层的人过上基本满意的物质生活，享受作为一个社会公民应有的尊严。

(二) 关于抗战中国共两党的地位与作用问题

上文提到的网帖，说共产党在抗战中牺牲的将领仅有左权将军一人，这是不够严谨的。因为国民党军队有完整的军衔体系，而共产党虽然有少数将领因为统战需要曾被国民政府授予军衔，但其部队并没有形成一套系统的军衔制度和管理体系，一直没有统一的军衔。1942 年 4 月，中共中央还作出决定："概不划分干部之等级军衔"①，所以在军衔上是不具可比性的。从国民党阵亡将领的名单来看，少将的最低职位一般是旅长，但也包括了不少团长、大队长，他们的将军军衔大多是阵亡后国民政府追认的。与此相对比，如果按八路军取旅长以上职务的干部，新四军取团以上干部，东北抗联取支队以上干部来统计，就可以得出：八路军阵亡旅以上干部 114 人、新四军阵亡团以上干部 43 人、东北抗联阵亡支队以上干部 42 人，共计 199 人，并不比国民党少多少。②而且当时共产党的将领要远远少于国民党，因此从牺牲将领所占比例来说，共产党付出的代价也远远高于国民党。如此高的干部牺牲比例，其实恰恰证实当时共产党干部身先士卒、不怕牺牲的作风。

这篇帖子还说"共产党自我吹嘘了半个世纪的抗战功绩，仅有平型关和百团大战而已"，这也不符合事实。平型关战斗和百团大战只是八路军的经典之战，并不是全部。据学者统计，中国共产党领导的抗日武装累积大小战役、战斗 12 万余次，年平均15000 余次，月平均 1200 余次，日平均 40 余次。③这个计算结果，与日本战史记载华北日平均作战 42 次也是相符的。④美国

---

① 中央档案馆编：《中共中央文件选集（一九四一——一九四二）》（第 13 册），中共中央党校出版社，1991 年，第 386 页。

② 参见 http：//bbs1. people. com. cn/postDetail. do？boardId = 2&treeView = 1&。另有人统计，新四军阵亡团以上干部 121 人，参见 http：//www. luobinghui. com/xsjyj/n4als/200501/991. html。

③ 参见张宏志：《中国抗日游击战争史》，陕西人民出版社，1995 年，第 1 页。

④ 参见日本防卫厅战史室编：《华北治安战》（上），天津市政协编译组译，天津人民出版社，1982 年，第 125 页。

《纽约时报》记者福尔曼曾在延安和晋绥抗日根据地进行了六个月采访，然后写出了一本《中国解放区见闻》。他一开始先声明："我们外国记者多半既不是共产党也不是共产党底同情者。"但在目睹大量事实后，他这样写道："因为共产军能与人民保持密切的合作，所以他们不但能保护他们自己，而且更能主动地对敌人发动进攻。"他还感叹："当人们想起共产军以云泥之差的劣势对抗敌人时，共产军的成就几乎是令人难以置信。我在延安听他们讲的时候，我也不相信，但是后来我到了沦陷区，与在敌后活动的八路军共处了两个多月，我亲眼看见了他们攻取并破坏敌人据点与碉堡，因此，我得到了一个确信，就是：共产党的发言是绝没有虚张声势的地方的。攻势只是受武器及环境的限制"。[①] 这种评价应该是比较客观的。

对共产党开辟的敌后战场，还有更具说服力的材料。日本战史记载："蒋系军在华北最后的地盘由于中原会战失掉以后，共产军（八路军）显然成为扰乱华北治安的主要敌人。"[②] 事实也正是如此。早在 1938 年，华北方面军便断定："今后华北治安的对象是共军。"1940 年，华北日军又一再惊呼："共军对我占领区的进犯越来越频繁，已成为今后肃正工作上最严重的问题。"1941年，他们再次强调："在 1941 年度要彻底进行正式的剿共战，已经成为空前未有的大事"，"蒋系军队一直处于颓势……据此，方

---

① ［美］福尔曼：《中国解放区见闻》，朱进译，重庆学术社，1946 年，第 1、82 页。
② 日本防卫厅战史室编纂：《日本军国主义侵华资料长编——〈大本营陆军部〉摘译》（上册），天津市政协编译委员会译校，四川人民出版社，1987 年，第 630 页。

面军将工作重点置于对共施策上，进一步针对实际情况，予以加强"。① 1942 年，华北方面军又说："治安肃正的重点，应放在以剿共为主的作战讨伐上。"② 到了 1944 年年初，华北方面军司令部更是在 1943 年年度的综合战报中详细公布："敌大半为中共军，与蒋军相反，在本年交战一万五千次中，和中共的作战占七成五。在交战的二百万敌军中，半数以上也都是中共军。在我方所收容的十九万九千具敌遗尸中，中共军也占半数。但与此相比较，在我所收容的七万四千俘虏中，中共军所占的比率则只有一成五。这一方面暴露了重庆军的劣弱性，同时也说明了中共军交战意识的昂扬。"③ 这种来自敌人的把共产党军队视为主要对手的判断，无疑更彰显了敌后战场的地位和作用。所以中国共产党在抗日战争中绝不是像该网文所说的只打了平型关和百团大战。

抗日战争是一场全民族的战争，对于国共两党在抗战的地位与作用评估，不能简单地抑共扬国或抑国扬共。毛泽东当年曾经客观指出："就目前和一般的条件说来，国民党担任正面的正规战，共产党担任敌后的游击战，是必须的，恰当的，是互相需要、互相配合、互相协助的。"④ 从这个意义上说，**抗日战争的胜利是"中华民族全体同胞团结奋斗的结果"**⑤。

---

① 日本防卫厅战史室编：《华北治安战》（上），天津市政协编译委员会译，天津人民出版社，1982 年，第 100、216、223、362~363 页。

② 同上，第 101 页。

③ 《朱德选集》，人民出版社，1983 年，第 148~149 页。

④ 《毛泽东选集》（第二卷），人民出版社，1991 年，第 553 页。

⑤ 胡锦涛：《在纪念中国人民抗日战争暨世界反法西斯战争胜利 60 周年大会上的讲话》，《人民日报》，2005 年 9 月 4 日。

（三）关于土地改革的评价问题

1927 年中国共产党走上农村包围城市的革命道路后，农村成为革命的主要阵地，土地改革（十年内战时期的土地革命和抗战时期的减租减息，从广义上都是土地改革的内容）成为中国共产党调整农村阶级关系、动员农民参加革命的主要方式。不可否认，在"以阶级斗争为纲"的背景下，对于地主阶级的认识存在简单化的倾向。需要说明的是，小说《半夜鸡叫》中的周扒皮、歌剧《白毛女》中的黄世仁等地主，确实是当年塑造的恶霸地主典型艺术形象，他们与现实中地主是不能画等号的。地主作为一个阶级，其总体特点是凭借占有的土地剥削农民，但每个地主自然千人千面，情况各异，并不都是周扒皮这样的人物。

要讨论土地改革是否必要和正当，必须首先对何为地主作一点儿讨论。1933 年 10 月，毛泽东写作的《怎样分析农村阶级》一文对地主与富农分别作了这样的界定："占有土地，自己不劳动，或只有附带的劳动，而靠剥削农民为生的，叫做地主。地主剥削的方式，主要地是收取地租，此外或兼放债，或兼雇工，或兼营工商业。但对农民剥削地租是地主剥削的主要的方式。""富农一般占有土地。但也有自己占有一部分土地，另租入一部分土地的。也有自己全无土地，全部土地都是租入的。富农一般都占有比较优裕的生产工具和活动资本，自己参加劳动，但经常地依靠剥削为其生活来源的一部或大部。富农的剥削方式，主要是剥削雇佣劳动（请长工）。此外，或兼以一部土地出租剥削地租，或兼放债，或兼营工商业。"①

地主占有较多土地并不是为了集约经营与规模化生产，在地主经济的基础上也不可能建立现代农业，原因很简单，地主集中土地的目的是为了获取地租。据毛泽东1930年5月所作的《寻乌调查》："收租二百石以上的中等地主，收租五百石以上的大地主，他们对于生产的态度是完全坐视不理。他们既不亲自劳动，又不组织生产，完全以收租坐视为目的。固然每个大中地主家里都多少耕了一点田，但他们的目的不在生产方法的改良和生产力的增进，不是靠此发财，而是为了人畜粪草堆积起来了弃之可惜，再则使雇工不致闲起，便择了自己土地中的最肥沃者耕上十多二十石谷，耕四五十石谷的可以说没有。这种地主家中普通都是请一个工人，只有'万户'以上的大地主而又人丁单薄的方才请两个工人。为使工人不致'闲嬲'（'嬲'，当地读廖，'东走西走'或'玩下子'的意思），除开做杂事外，便要他耕点田。"② 由此可见，那些说地主是当年农村先进生产力代表的人，其实连何为地主都没有弄清楚。

关心土地改良和生产工具改进的不是地主而是富农。因为地主占有土地的目的不是自己耕种，而是出租给农民，然后收取一定数量的地租。既然土地已经租给他人耕种，他自然不必关心土地的经营状况，也不会关心土地改良与生产工具改进的情况，他们所关心是地租的收取。与地主将土地出租给他人耕种不同的是，富农则是雇用长工或短工到自己的土地上进行劳作，如果土地得

---

① 《毛泽东选集》（第一卷），人民出版社，1991年，第127、128页。
② 《毛泽东文集》（第一卷），人民出版社，1993年，第192页。

到了改良，生产工具得到了改进，使用了相对先进的农业生产技术，生产效率得到了提高，土地的收益也就会相应增多，而他付给雇工的工钱是一定的，这就意味着富农的收入也会增多。从这个角度看，虽然地主与富农都集中了一部分土地在自己手中，而且都是通过占有他人的劳动进行剥削，**但地主集中土地并非为了集约经营和规模化生产，其所关心的也是地租的收取而非农业生产的改进，客观上有利于农村生产力发展的不是地主而是富农。**正因为如此，不论是 1946 年的《中共中央关于土地问题的指示》（即"五四指示"），还是 1950 年的《中华人民共和国土地改革法》，对于地主与富农都采取了区别对待的政策。从是否有利于生产力发展这个角度，在革命的过程中该不该将地主阶级打倒，答案似乎不难得出。只有消灭了封建土地制度，才能实现国家的工业化，这个历史过程世界各国皆然，在中国革命过程中废除封建土地制度自然也是必要的与正当的。

这些年来，学术界根据历史文献和档案史料，对新中国成立前的土地占有情况重新进行了估计分析，虽然这些数据各不相同，但都基本上认为当时土地集中的情况并没有以往宣传得那样严重，地主和富农并非占有 80% 的土地，而多数认为只占有 50% 以下的土地。尽管如此，地主和富农所占有的土地远远多于中农，更不用说贫农，确是一个历史事实。即使地主和富农占有的土地根本没有达到以往所说的 80% 而是减半（40% 至 50%），但考虑到地主和富农只占农村总人口的 10%，中国农村的土地占有状态仍不能说是合理的。正如有学者所指出的："在土地分配存在着相当不平衡的情况下，作为基本的生存要素，拥有更多的可以自主的土地是农民衷心的期盼。所以，当土地革命广泛开展后，没收地主土地在农民中平分，对农民具有极大的吸引力。"[1] 土地和财富占有的不平等，造成社会地位的不平等。广大农民不但缺少土地，社会地位也十分低下。土地改革不但是所有制关系的调整，也是社会关系的调整。农民对土地改革所产生的"翻身"与"解放"的感受，除了得到土地之外，更重要的还是社会地位的上升。

可见，坊间与社会上一些否定革命、丑化与矮化中国共产党历史的言论和观点，往往没有史实依据。限于篇幅，笔者仅对这几个问题作一点简要讨论。

四、几点建议

（一）必须加深对相关问题的研究力度

这些年来，对中国近现代史特别是中共党史的研究，不但设有专门的研究机构，而且有一支数量庞大的研究队伍，也取得了一大批有价值的研究成果，对于普及近现代史与中共党史知识，引导广大群众正确认识一百多年的中国历史起了很重要的作用。但也应该看到，这样的研究还有加深、加强的必要，眼下的一些成果，普及性、纪念性、教科书式的读物很多，真正史料丰富、

---

[1] 黄道炫：《一九二〇——一九四〇年代中国东南地区的土地占有——兼谈地主、农民与土地革命》，《历史研究》，2005 年第 1 期。

学术价值高的著作有限，对于一些重要历史事件还缺乏深入的学术研究，还缺少真正有说服力的学术研究成果。

例如对于延安整风运动，以往的中共党史著述对此都是高度评价的，而2000年由香港中文大学出版的《红太阳是怎样升起的——延安整风运动的来龙去脉》一书则提出："毛泽东发动整风运动的根本目的——彻底肃清国际派在中共的影响，打击和争取以周恩来为代表的'经验主义'者的力量，用自己的思想改造中央，进而确立毛个人在中共党内的绝对统治地位。"① 该书将延安整风运动看作毛泽东进行权力斗争的一种手段，认为当今社会上的许多问题，根源都在延安整风运动。此书出版后以不同的方式传入大陆，而且网络上也很容易找到其电子版。客观地说，该书在写作中严格遵守学术规范，做到了论有所据、论从史出，具有很强的学术性，这是一本以学术研究的形式对延安整风运动的意义进行否定性评价的著作。也正因为如此，该书有着不小的读者群，产生了很大的社会影响。

延安整风运动无论如何是中共历史上的一件大事，它在某种程度上改写了中共历史，但这些年来，虽然大陆出版或发表的关于延安整风运动的论著为数不少，但从学术研究的角度对延安整风运动的过程、意义进行全方位解读，在学术含量上可与《红太阳是怎样升起的——延安整风运动的来龙去脉》相匹敌的著作，似乎未见，这不能不值得理论界、学术界及相关部门的深思。那些刻意丑化中共历史与中共领袖人物的论述（如

① 高华：《红太阳是怎样升起的——延安整风运动的来龙去脉》，香港中文大学出版社，2000年，第635页。

《红太阳的陨落——千秋功罪毛泽东》），其真伪并不难辨别，也不难加以驳斥，而对于《红太阳是怎样升起的——延安整风运动的来龙去脉》这样确有学术含量，但客观上又有损于中共领袖形象的著述，如果不下大功夫，花大气力，就很难产生对其作出正面回应的学术成果，自然也就难以肃清其负面影响。因此，应当鼓励主流学术界，特别是中青年学者，潜心学术研究，并且尽可能地为他们的研究工作提供条件。国家社科基金、国家出版基金应该对这样的研究加以扶持。历史虚无主义不是通过发表几篇大批判式的文章就可以肃清其影响的，最关键的还是加强对相关问题的研究力度，不断地拿出有说服力的研究成果，这样才能加大主流学术界的声音，引导广大群众正确对待历史问题。

在中国近现代史和中共党史领域中，历史虚无主义有一定的市场，与有的正史不正、信史无信亦不无关系。党的十一届三中全会之后，中共党史的研究挣脱了"以阶级斗争为纲"和"两条路线斗争史"的框架，取得了许多有价值的研究成果。但也应当看到，中共党史研究也普遍存在语言僵化呆板、史料单一、内容枯燥无味的问题，成果的数量很多，但有的属于题材、内容、史料重复，观点陈旧，人云亦云，一些党史著述是一系列中共中央文件、文献资料的摘编或领导人文章、讲话的摘要，其中见不到普通党员的身影，看不到基层组织的活动，只有宏大叙事，没有历史细节；只有上层决策，没有下层互动，结果将一部本来生动丰富的中共历史画卷，写成了令人委顿和乏味的八股。党史著述"这种僵化呆板枯燥的说教，不仅造成了对党的历史的最大矮化与扭曲，而且成了中共党史研究、教育与普及的最大内伤与最大障碍"①。这是中共党史研究中必须正视的问题。**中共党史研究既要坚持和发展马克思主义史学研究的优良传统，也要吸收借鉴古今中外史学研究的有益经验和方法，创新手段、方法和载体，还原党史本身的生动性和丰富性，形成有说服力、广大读者愿意看、能信服的成果。**只有这样，才能逐渐缩小历史虚无主义的市场，逐步肃清历史虚无主义的影响。

（二）对于宣传明显错误的观点，应及时加以澄清，避免以讹传讹

前段时间网络上流传，1938 年 8 月在洛川召开的中共中央政治局扩大会议（即洛川会议）秘密制定了"七分自我发展，二分妥协，一分抗日"的内部指示。据查，此种说法最早来自一个中共叛徒。1940 年，第十八集团军杨成武部骑兵连党支部书记李法卿向国民党军"投诚"，据其供认：十八集团军出发前，毛泽东、朱德等曾召集训话，指示工作方针，大意为："中日战争为本党发展之绝好机会，我们的决策是七分发展，二分应付（国民党），一分抗日"②。此说一出，立即被国民党方面编入《摩擦问题真相》一书中，作为反共的宣传材料。后来，蒋介石的《苏俄在中国》也予以引用。其他如中国台湾王健民的《中国共产党史稿》、

---

① 秦晓鹰：《中共党史如何修》，《中国新闻周刊》，2010 年第 28 期。
② 《第八路军中共支部书记李法卿揭述中共在抗战期中整个阴谋》，载秦孝仪主编：《中华民国重要史料初编——对日抗战时期》第五编 中共活动真相（一），（台北）中国国民党"中央"委员会党史委员会，1985 年，第 358 页。

郭华伦的《中共史论》、日本古屋奎二的《蒋总统秘录》、苏联奥·鲍·鲍里索夫的《苏中关系》，均照此援引。秦孝仪主编的《中华民国重要史料初编——对日抗战时期》一书，亦将之作为"重要史料"收入。

对于这条材料，首先必须澄清的是，李法卿原话叙述的是毛泽东、朱德等对全军的训示，而不是所谓"洛川会议内部指示"。其次，据参加洛川会议的张国焘回忆，中共中央高层在会上曾发生了激烈争论，后来经过相互妥协才勉强通过了有关文件，[①] 因此这次会议不太可能制定出这么一个带有明显倾向性的指示。著名学者杨奎松曾根据其研究经历明确表示：所谓中共决定"七分发展，二分应付，一分抗日"的说法，"笔者遍查此时期之中共文件乃至未公开之历次会议记录，不仅未见类似说法，且颇多与此不合者"。[②] 他后来又强调："80年代初不少研究中共党史的专家都看过洛川会议记录，不少文章中都介绍了会议讨论及发言的情况。我当年也读过这个记录，并做过笔记。网上所传'记录'所以一望而知是杜撰的。"[③]

关于这一说法，美国学者莱曼·范斯莱克在《剑桥中华民国史》一书中也说："这已成为国民党史的诚实问题。我曾较详细地研究这个问题，并认为这种政策从未宣布过；在这种意义上此项指控是捏造。"[④] 近年来，一些中国台湾学者亦逐渐意识到这一

① 参见张国焘：《我的回忆》（第三册），东方出版社，1998年，第386~391页。
② 杨奎松：《论抗战初期的国共两党关系》，《近代史研究》，1996年第3期。
③ 杨奎松：《谈往阅今——中共党史访谈录》，九州出版社，2012年，第140页。
④ ［美］费正清、费维恺编：《剑桥中华民国史（1912—1949年）》（下卷），刘敬坤等译，中国社会科学出版社，1994年，第775页。

问题。如曾任职于调查局的曾永贤便说："在研究的过程中，接触了很多有关抗战时期中共从事扩张的资料。在这些资料当中，我们最感觉缺乏的是，我们虽指出共匪在抗战期间实行其'一分抗日，二分应付，七分发展'之策略方针，可是却没有很丰富的资料，来加以证明。"① 而中国台湾中共党史专家陈永发更是质疑："国民政府这种指责，预先假定应付、扩大和抗日三事可以截然划分"，但实际上，"对于中共，这一假定根本就是荒谬绝伦"。在他看来，"中共的扩展实力过程中，不得不抗日，更不得不应付国民政府。所以尽管国民政府指责中共不抗日，但中共在敌后地区，甚至在敌后地区之外，逐渐取得民族主义代理人的地位"。因此，"除非国民党在抗日问题上有能说服人的充分证据，否则只质问共产党是否'二分应付'国民党，很难引起共鸣"。②由此看来，这篇帖子所编造的洛川会议内部指示显然是子虚乌有，纯属杜撰。

无独有偶，有一段时间网上有文章说，1995 年 6 月中旬，中共中央文献研究室、中共中央党史研究室、中共中央党校联合向中央书记处提出书面报告《关于〈毛泽东选集〉中著作原稿的审核、考证意见》。说该报告披露：《毛泽东选集》一至四卷的一百六十余篇文章中，由毛泽东执笔起草的只有十二篇，经毛泽东修改的共十三篇，其余诸篇全是由中共中央其他领导成员，或中共

---

① 曾永贤：《从日本档案谈我国抗日战史研究的方向——"中华民国"史料研究中心第 93 次学术讨论会记录》，《中国现代史专题研究报告》（第十辑），（台湾）"中华民国"史料研究中心，1981 年，第 112 页。

② 陈永发：《中国共产革命七十年》（上册），台湾联经出版事业公司，1998 年，第 332~338 页。

中央办公厅以及毛泽东的秘书等起草的。实际上，这是典型为否定毛泽东而杜撰出来的材料。可这样的材料，不但蒙蔽了一些不明真相的读者，某些从事中国近现代史研究的专业人员竟然在文章中也予以采信。如有学者在其公开发表的文章中声称："张闻天写的一些党内文件和文章，如张闻天与周恩来起草的《中国革命战争战略问题》、张、周和林伯渠等起草的《论持久战》、《抗日游击战争的战略问题》都成了《毛泽东选集》的'伟大篇章'。"① 这原本是子虚乌有的事，这三个机构的发言人曾专门召开新闻发布会进行澄清。长期从事毛泽东手稿保管的中央档案馆齐得平研究员也专门撰写长文，对这种不负责任的说法进行了驳斥，产生了很好的效果。②

（三）慎用批判的武器，对历史虚无主义界定不能泛化

现在一些对历史虚无主义进行驳斥的文章，认为历史虚无主义思潮最早可追溯至 20 世纪二三十年代的"全盘西化"论，代表人物为陈序经和胡适。笔者以为，陈序经和胡适强调向西方学习固然存在绝对化的问题，但如果将其观点与当下的历史虚无主义看作一脉相承的东西，或许是将历史虚无主义泛化了，这样并不利于认清历史虚无主义的实质与危害。其实，陈序经和胡适的"全盘西化"论并非历史虚无主义而是民族虚无主义，而且其"全盘西化论"与当下一些人鼓吹的历史虚无主义，不但没有传

---

① 唐宝林：《官越做越小的吴亮平》，《炎黄春秋》，2011 年第 9 期。

② 参见齐得平：《我所了解的〈毛泽东选集〉第四卷档案和手稿情况——兼驳所谓〈毛泽东选集真相〉》，《党的文献》，2012 年第 2 期。

承关系，其用意也有其根本的不同。将胡适列为"全盘西化论"者也不合适，因为明确提出"全盘西化论"的是陈序经。他在1934年1月出版的《中国文化的出路》一书中认为："胡（适）先生所说的西化，不外是部分的西化，而非全盘的西化。"至于蒋廷黻1938年在《中国近代史》中说："近百年的中华民族根本只有一个问题，那就是：中国人能近代化吗？能赶上西洋人吗？能利用科学和机械吗？能废除我们家族和家乡观念而组织一个近代的民族国家吗？能的话，我们民族的前途是光明的；不能的话，我们这个民族是没有前途的。"[①] 其核心是中国应当实现近代化，并没有强调要"全盘西化"，也不必将其与当下的历史虚无主义挂上钩。泛化历史虚无主义并不利于肃清历史虚无主义的影响。当然，对那些带有明显的意识形态色彩，其目的是通过矮化与丑化中共历史，否定中共执政的正当性，否定选择社会主义制度的必要性与必然性的历史虚无主义思潮，必须保持高度警惕并及时揭露其危害。

尤其重要的是，即使对历史虚无主义进行批判，也必须放弃"文革"时期那种大批判的方式，**应对其曲解历史的表现、实质、危害进行具体分析，既要看到其危害，也不能过于高估其影响**。如有的批判历史虚无主义的文章说，在苏联解体中起决定性作用的，是以戈尔巴乔夫为首的苏共中央推行一条自我否定、自我丑化的机会主义路线，搞历史虚无主义的结果。苏联解体前苏共中央确实存在对苏联历史、苏共历史采取虚无主义的态度，并在某种程度上加剧了苏联的崩溃和苏共执政地位的丧失，但这恐怕不

---

① 蒋廷黻：《中国近代史》，岳麓书社，1987年，第11页。

是苏联解体"起决定性作用"的因素。笔者认为，最关键的因素是苏共脱离了人民、丧失了民心，历史虚无主义在一定程度上加剧了苏联民众对苏共的离心倾向，加快了苏联解体的进程。更有文章认为，导致苏联解体的历史虚无主义，追根溯源是赫鲁晓夫在苏共二十大对斯大林的全盘否定。苏联的解体不能说与赫鲁晓夫没有关联，但说赫鲁晓夫在苏共二十大对斯大林"全盘否定"却非事实，因为只要阅读赫鲁晓夫在苏共二十大的报告就难以得出这样的结论。一些持历史虚无主义观点的人，往往对中国近现代历史、对中共的历史不但没有深入的研究，甚至连基本的了解都没有，就提出一些武断性的结论；如果我们在批判历史虚无主义的时候，也没有对相关问题进行深入的研究，这样的批判就起不到应有的作用。

此外，应加大相关档案的开放力度和营造相对宽松的学术研究环境。历史研究离不开史料，建议有关部门根据《中华人民共和国档案法》的规定，更多地公开或公布已过保密期限且可以公开的档案史料。同时，对历史虚无主义的批判，要注意区分不同的学术观点与历史虚无主义的界限。对于中国近现代史、中共党史的研究，由于一些研究者占有的史料不同，分析史料的视角也不同，对同一历史事件或同一历史人物作出不同的评判，因而产生不同的学术观点，这是很正常的现象。应当允许不同学术观点的提出，允许学术争鸣，唯有如此才能将相关问题深入研究下去，通过学术争鸣弄清历史真相，促进历史研究的繁荣。

参考文献

一、著作类

1. 《马克思恩格斯选集》（第一卷），人民出版社，1995 年。

2. 《马克思恩格斯选集》（第三卷），人民出版社，1995 年。

3. 《马克思恩格斯选集》（第四卷），人民出版社，1995 年。

4. 《毛泽东选集》（第二卷），人民出版社，1991 年。

5. 《邓小平文选》（第二卷），人民出版社，1994 年。

6. 《邓小平文选》（第三卷），人民出版社，1993 年。

7. 《习近平谈治国理政》，外文出版社，2014 年。

8. 《十八大以来重要文献选编》（上），中央文献出版社，2014 年。

9. 中共中央文献研究室编：《习近平关于全面依法治国论述摘编》，中央文献出版社，2015 年。

10. 中共中央宣传部编：《习近平总书记系列重要讲话读本（2016 年版）》，学习出版社、人民出版社，2016 年。

11. 《胡适文集》（第 2、3、12 卷），北京大学出版社，1998 年。

12. ［德］卡尔·施米特：《政治的浪漫派》，冯克利、刘锋译，上海人民出版社，2004 年。

13. ［法］卢梭：《社会契约论》，何兆武译，商务印书馆，2005 年。

14. ［法］孟德斯鸠：《论法的精神》（上册），张雁深译，商务印书馆，1997 年。

15. ［法］托克维尔：《论美国的民主》（上卷），董果良译，商务印书馆，1991 年。

16. ［美］C. H. 麦基文：《宪政古今》，翟小波译，贵州人民出版社，2004 年。

17. ［美］爱德华·S. 考文：《美国宪法的"高级法"背景》，强世功译，生活·读书·新知三联书店，1996 年。

18. ［美］安德鲁·奥尔特曼：《批判法学—— 一个自由主义的批评》，信春鹰、杨晓峰译，中国政法大学出版社，2009 年。

19. ［美］布雷恩·Z. 塔玛纳哈：《论法治——历史、政治和理论》，李桂林译，武汉大学出版社，2010 年。

20. ［美］汉密尔顿、杰伊、麦迪逊：《联邦党人文集》，程逢如、在汉、舒逊译，商务印书馆，1995 年。

21. ［美］卡尔·J. 弗里德里希：《超验正义——宪政的宗教之维》，周勇、王丽芝译，梁治平校，生活·读书·新知三联书店，1997 年。

22. ［美］罗伯特·威斯布鲁克：《杜威与美国民主》，王红欣译，北京大学出版社，2010 年。

23. ［美］迈克尔·扎科特：《自然权利与新共和主义》，王崇兴译，吉林出版集团，2008 年。

24. ［美］乔万尼·萨托利：《民主新论》，冯克利、阎克文译，上海人民出版社，2009 年。

25. ［美］萨缪尔·亨廷顿：《文明的冲突与世界秩序的重建》，周琪、刘绯、张立平、王圆译，新华出版社，1999 年。

26. ［美］斯科特·戈登：《控制国家——从古雅典至今的宪政史》，应奇、陈丽微、孟军、李勇译，江苏人民出版社，2008 年。

27. ［美］斯科特·戈登：《控制国家——西方宪政的历史》，应奇、陈丽微、孟军、李勇译，江苏人民出版社，2001 年。

28. ［美］西摩·马丁·李普塞特：《政治人：政治的社会基础》，张绍宗译，沈澄如、张华青校，上海世纪出版集团，2011 年。

29. ［美］约瑟夫·熊彼特：《资本主义、社会主义与民主》，吴良健译，商务印书馆，1999 年。

30. ［英］M. J. C. 维尔：《宪政与分权》，苏力译，生活·读书·新知三联书店，1997 年。

31. ［英］阿诺德·汤因比：《历史研究》，曹未风译，上海人民出版社，1959 年。

32. ［英］比尔·考克瑟、林顿·罗宾斯、罗伯特·里奇：《当代英国政治》（第四版），孔新峰、蒋鲲译，北京大学出版社，2009 年。

33. ［英］霍布斯：《利维坦》，黎思复、黎廷弼译，杨昌裕校，商务印书馆，1985 年。

34. ［英］洛克：《政府论》（下篇），叶启芳、瞿菊农译，商务印书馆，1997 年。

35. ［英］约翰·洛克：《政府论》，杨思派译，中国社会科学出版社，2009 年。

36. ［英］奈杰尔·福尔曼、道格拉斯·鲍德温：《英国政治通论》，苏淑民译，中国社会科学出版社，2015年。

37. ［英］佩里·安德森：《绝对主义国家的系谱》，刘北成、龚晓庄译，上海人民出版社，2001年。

38. 李红海：《普通法的历史解读——从梅特兰开始》，清华大学出版社，2003年。

39. 陆德生、纪荣荣、欧世平、李传柱：《人权意识与人权保障》，中国长安出版社，2014年。

40. 强世功：《法制与治理——国家转型中的法律》，中国政法大学出版社，2003年。

41. 王绍光：《民主四讲》，生活·读书·新知三联书店，2008年。

42. 吴经熊：《法律哲学研究》，清华大学出版社，2005年。

43. 阎照祥：《英国政治制度史》，人民出版社，1999年。

44. 殷叙彝：《社会民主主义概论》，中央编译出版社，2011年。

45. 郑永年：《再塑意识形态》，东方出版社，2016年。

二、期刊类

1. 卜卫：《人权话语建构与跨文化传播》，《人权》，2014年第5期。

2. 顾培东：《中国法治的自主性进路》，《法学研究》，2010年第1期。

3. 景跃进：《中国政治学的方法论反思——问题意识与本土

关怀》，《浙江社会科学》，2017 年第 7 期。

4. 李景鹏：《中国公民社会成长中的若干问题》，《社会科学》，2012 年第 1 期。

5. 刘晨光：《美国共和政制：形式与目的的统一——重读〈联邦党人文集〉》，《政法论坛》，2011 年第 6 期。

6. 刘大明：《大革命时期法国积极公民与选举权问题》，《世界历史》，1992 年第 2 期。

7. 秋石：《中国特色社会主义民主政治的制度优势与基本特征——划清中国特色社会主义民主同西方资本主义民主的界限》，《求是》，2010 年第 18 期。

8. 沈贺：《社会主义核心价值观与西方"普世价值"的区别——以民主、自由、平等为例》，《衡阳师范学院学报》，2015 年第 4 期。

9. 苏长和：《民主的希望和未来在中国——谈谈中国式民主与美国式民主》，《人民日报·海外版》，2014 年 9 月 5 日/9 月 6 日。

10. 佟德志：《卢梭命题与西方宪政民主理论的逻辑困境》，《政治学研究》，2005 年第 2 期。

11. 汪庆华、郭钢、贾亚娟：《俞可平与中国知识分子的善治话语》，《公共管理学报》，2016 年第 1 期。

12. 王沪宁：《文化扩张与文化主权：对主权观念的挑战》，《复旦学报》（社会科学版），1994 年第 3 期。

13. 徐显明：《世界人权的发展与中国人权的进步》，《中共中央党校学报》，2008 年第 2 期。

14. 俞可平：《中国公民社会研究的若干问题》，《中共中央党校学报》，2007 年第 6 期。

15. 曾毅：《密尔晚年的"大转型"及其思想的国家建设意义》，《学习论坛》，2012 年第 10 期。

16. 张程：《警惕"民主"概念陷阱》，《红旗文稿》，2015 年第 16 期。

后 记

　　党的十八大以来，以习近平同志为核心的党中央从"事关党的前途命运，事关国家长治久安，事关民族凝聚力和向心力"的高度重视意识形态工作，发表了一系列重要讲话，提出了一系列重要要求。2018年8月，习近平总书记在全国宣传思想工作会议上强调："我们必须坚持以立为本、立破并举，不断增强社会主义意识形态的凝聚力和引领力。"因此，"眼睛明亮起来、头脑清醒起来、态度坚决起来"应当成为广大党员干部的一种习惯和自觉。在继承党的理论创新传统的基础上，在深入回答时代问题的基础上，形成了习近平新时代中国特色社会主义思想，展示了其高超的思想引领力。这些都标志着我们的意识形态工作取得了巨大的成就，凝心聚力、凝魂聚气的共同思想基础更加巩固。

　　但是正如党的其他许多工作一样，意识形态工作也是一项常做常新的工作，不可能"毕其功于一役"。作为中央党校的理论工作者，我们在研究中发现，有一些意识形态理论问题出现的频率要比其他问题高得多，涉及的内容也相对更复杂一些，例如宪政、民主、自由、法治、公民社会、人权、历史虚无主义，等等。对待这些重大的意识形态理论问题，怎么看待其理论脉络、建构逻辑、传播规律，从而思谋应对策略？对此我们进行了梳理，共形成了十二项专题性的研究成果。本书就是这些研究成果集体凝聚的产物。

在书中，我们贯彻的一个基本写作原则就是"用学术讲政治"。我们相信：理论清醒方能政治坚定。一方面，讲政治，但不能光用态度讲政治，而是用学术水准和学术成果讲政治；另一方面，追求学术，但不是脱离现实政治原则和政治要求的学术，而是能够实实在在推动政治进步和政治文明的学术。正是因为这十二个问题都具有高度的政治性，因此特别需要"讲政治"，因为不善于"讲政治"就无法参透其立场和实质。但是这十二个问题其实也是学理化程度非常高的问题，并非泛泛而论、慷慨激昂之语就可以说清楚的，须有较为深厚的学术方法和学理基础不可。

从缘起说，本书是分工研究的：中央党校科研部副研究员黄相怀承担了序言和第一讲的写作工作，并在第一讲中探讨如何认清西方"宪政民主"的内涵、实质与偏颇，走稳走好中国特色社会主义政治发展道路；中央党校科社部副教授刘晨光承担了第二讲的写作工作，思考如何超越西方"宪政"话语的笼子与陷阱，构建新时代中国特色社会主义法治理论；中央党校党建部副教授曾毅承担了第三讲的写作工作，探究如何深入认识自由主义民主的理论逻辑和危机根源，在国际比较中更好地认识"中国智慧、中国方案"的世界意义；中央党校政法部讲师孙培军承担了第四讲的写作工作，讨论如何认清西方民主话语的基本内容和传播误区，建构中国自身的民主话语；中央党校政法部讲师任崇彬承担了第五讲的写作工作，关切如何认清西方平等话语的实质及其传播策略，建构中国自身的平等话语；中央党校报刊社副编审石伟承担了第六讲和第七讲的写作工作，着重于讨论如何看待西方法治话语在中国的传播，建构适合中国自身的法治话语，以及如何认识"司法独立"话语的中西异同，有力推动中国特色社会主义法治建设；中央党校科社部讲师张源承担第八讲的写作工作，探讨了如何理解西方自由话语在中国的传播，从而在文化交流交融交锋中构建中国自由话语；中央党校党建部副教授郑寰承担第九讲的写作工作，回答的问题是如何认识西方"新闻自由"的实质，防止"新闻自由"在中国的误用与滥用；中央党校马克思主义学院副教授唐爱军承担第十讲的写作工作，围绕"公民社会"的具体语境、特定内涵，探讨如何有效辨别西方意识形态渗透战略；中央党校政法部副教授金成波承担第十一讲的写作工作，思考如何正确认识西方"人权输出"的本来面目，进一步以"中国元素"重构国际人权话语体系；中央党校党史部教授罗平汉承担第十二讲的写作工作，就认清历史虚无主义的实质与危害进行探讨，从而以客观科学、实事求是的态度对待历史事实。从结果看，尽管强调文责自负，本书其实也是集体合作的产物，每个人都从其他人的研究中得到了不少启发。

这里我们的研究工作有批判的成分，但绝对不仅仅是批判，甚至绝大部分都不是批判。作出这样的努力，体现的是我们对于意识形态研究的理解——尽管批判很重要，但批判绝对不是意识形态研究的全部，甚至大部分都不是。正如马克思之所以能够创立马克思主义，关键不在于批判，而是在批判的基础上创造性地提出了新的理论。马克思主义是具体的、不断创造的。列宁指出，我们决不把马克思的理论看作某种一成不变的和神圣不可侵犯的